D1822486

हरिशंकर परसाई

22 अगस्त, 1924 को मध्य प्रदेश, होशंगाबाद के जमानी गाँव में जन्मे हरिशंकर परसाई का आरम्भिक जीवन कठिन संघर्ष का रहा। पारिवारिक जिम्मेदारियों के बीच उन्होंने नागपुर विश्वविद्यालय से हिन्दी में एम.ए. किया और फिर 'डिप्लोमा इन टीचिंग' का कोर्स भी।

उनकी प्रकाशित कृतियाँ हैं—'हँसते हैं रोते हैं', 'जैसे उनके दिन फिरे' (कहानी-संग्रह); 'रानी नागफनी की कहानी', 'तट की खोज' (उपन्यास); 'तब की बात और थी', 'भूत के पाँव पीछे', 'बेईमानी की परत', 'वैष्णव की फिसलन', 'पगडंडियों का जमाना', 'शिकायत मुझे भी है', 'सदाचार का तावीज', 'विकलांग श्रद्धा का दौर', 'तुलसीदास चन्दन घिसैं', 'हम इक उम्र से वाकिफ हैं', 'जाने-पहचाने लोग', 'कहत कबीर', 'ठिठुरता हुआ गणतंत्र' (व्यंग्य निबन्ध-संग्रह); 'पूछो परसाई से' (साक्षात्कार)। 'परसाई रचनावली' शीर्षक से छह खंडों में उनकी सभी रचनाएँ संकलित हैं। लगभग सभी भारतीय भाषाओं और अंग्रेजी में उनकी रचनाओं के अनुवाद हुए हैं।

उन्हें 'साहित्य अकादेमी पुरस्कार', मध्य प्रदेश के 'शिखर सम्मान' समेत कई पुरस्कारों से सम्मानित किया गया।

10 अगस्त, 1995 को उनका निधन हुआ।

तब की बात और थी

हरिशंकर परसाई

राजकमल पेपरबैक्स

पहला संस्करण 1956 में ज्ञानमिन्दर, जबलपुर से प्रकाशित

राजकमल पेपरबैक्स में
पहला संस्करण : 2024
दूसरा संस्करण : 2025

© प्रकाशचन्द्र दुबे

राजकमल पेपरबैक्स : उत्कृष्ट साहित्य के जनसुलभ संस्करण

राजकमल प्रकाशन प्रा.लि.
1-बी, नेताजी सुभाष मार्ग, दरियागंज
नई दिल्ली-110 002
द्वारा प्रकाशित

शाखाएँ : अशोक राजपथ, साइंस कॉलेज के सामने, पटना-800 006
पहली मंजिल, दरबारी बिल्डिंग, महात्मा गांधी मार्ग, प्रयागराज-211 001
1, अनमोल सोराबजी सन्तुक लेन, मरीन लाइंस, मुम्बई-400002
वेबसाइट : www.rajkamalprakashan.com
ई-मेल : info@rajkamalprakashan.com

विकास कंप्यूटर एंड प्रिंटर्स
ट्रॉनिका सिटी-201 102
द्वारा मुद्रित

मूल्य : ₹199

TAB KI BAAT AUR THI
Stories by Harishankar Parsai

ISBN : 978-93-6086-116-2

‘मनुष्य चार पैर वाला पशु है,
जिसने पीछे के दो पैरों से चलना सीख लिया है;
और आगे के पैरों को ‘हाथ’ कहने लगा है।’

मनुष्य की इस परिभाषा को मिटाकर, जो अपने रक्त से नई परिभाषा लिख रहे हैं

—उन्हें

क्रम

प्रारम्भिक परसाई

हरिशंकर परसाई की लेखन-यात्रा 1948 से शुरू हो गई थी और 1953 में उनकी पहली किताब भी छप गई थी। इसके बाद उनकी एक किताब प्रेस में अटक गई। उस किताब का नाम था : 'सती का बेटा'। बाद में उसी किताब में रचनाएँ जोड़कर परसाई ने नई किताब बनाई : 'तब की बात और थी', जो जून, 1956 में जबलपुर के ज्ञानमन्दिर से प्रकाशित और भारत प्रेस से मुद्रित हुई।

यह परसाई के प्रारम्भिक दौर की रचनाओं की पुस्तक है जिनमें परसाई अपने लिए एक रास्ता खोज रहे हैं। यह रास्ता सहज भाषा और तीक्ष्ण व्यंग्य के आसपास खोजा जा रहा है। समाज और सामाजिक स्थितियों के सम्बन्ध में उनकी समझ वैज्ञानिक है। वे स्त्रियों को पुरुष के बराबर नागरिक मानते हैं और उन्हें स्वतंत्र निर्णय लेने वाली स्त्री के रूप में चित्रित करते हैं। इसका यह अर्थ नहीं कि 1956 में हिन्दी कथा साहित्य में निर्णय लेने में सक्षम स्त्री पात्रों का अभाव था, बल्कि 'त्यागपत्र' जैसे उपन्यास की अविस्मरणीय नायिका मृणाल 1937 में

पाठकों के समक्ष थी लेकिन तब भी परसाई जिन पाठकों के लिए रचनारत थे, उनके लिए उन्हें लोक-शिक्षण जरूरी लगता था। कहना न होगा कि लोक-शिक्षण परसाई की रचनाओं का एक मूल्यवान पक्ष है, इसके बावजूद उनकी रचनाएँ उपदेशात्मक नहीं लगतीं।

यह वह दौर है जब भारत में पहले आम चुनाव हुए ही थे और लोकतंत्र का सबक जनता सीख रही थी। उस दौर में परसाई 'भेड़ें और भेड़िये' जैसी कहानी लिखते हैं जो लोकतंत्र पर आने वाले खतरों को बहुत प्रारम्भ में ही पहचान लेती है। हम जानते हैं कि पहले आम चुनाव में करीब 1,874 उम्मीदवार और 53 राजनीतिक पार्टियाँ उतरी थीं, जिनमें 14 राष्ट्रीय पार्टियाँ थीं। इनमें भारतीय राष्ट्रीय कांग्रेस, भारतीय कम्यूनिस्ट पार्टी, सोशलिस्ट पार्टी, किसान मज़दूर प्रजा पार्टी, अखिल भारतीय हिन्दू महासभा और अखिल भारतीय राम-राज्य परिषद् सहित कई पार्टियाँ शामिल थीं। अखिल भारतीय राम-राज्य परिषद् भारत का एक राजनीतिक दल था जिसकी स्थापना स्वामी करपात्री ने सन् 1948 में की थी। इस दल ने प्रथम लोकसभा चुनाव में तीन सीटें प्राप्त की थीं। सन् 1952, 1957 एवं 1962 के विधान सभा चुनावों में हिन्दी क्षेत्रों (मुख्यत: राजस्थान) में इस दल ने दर्जनों सीटें हासिल की थीं।

परसाई मध्य प्रदेश के जबलपुर में रहते थे और उनकी निगाहें चौकस थीं। वे देख रहे थे कि किस तरह धर्म का सहारा लेकर आधुनिक लोकतंत्र में भी जनता को अपने पक्ष में किया जा सकता है। इस पुस्तक की एक कहानी में सियार भेड़िये से कहता है, "बड़े भोले हैं आप सरकार! अरे मालिक, रूप-रंग बदल देने से तो सुना है—आदमी तक बदल जाते हैं, फिर ये तो सियार हैं।" आगे जाकर बूढ़ा सियार भेड़िया राजा की प्रशस्ति में जो कहता है, उस पर ध्यान देना चाहिए, "भाइयो और बहनो! अब भय मत करो। भेड़िया राजा संत हो गए हैं।

उन्होंने हिंसा बिलकुल छोड़ दी है। उनका 'हृदय-परिवर्तन' हो गया है। वे आज सात दिनों से घास खा रहे हैं। रात-दिन भगवान के भजन और परोपकार में लगे रहते हैं। उन्होंने अपना जीवन जीव-मात्र की सेवा में अर्पित कर दिया है। अब वे किसी का दिल नहीं दुखाते, किसी का रोम तक नहीं छूते। भेड़ों से उन्हें विशेष प्रेम है। इस जाति ने जो कष्ट सहे हैं, उनकी याद करके कभी-कभी भेड़िया संत की आँखों में आँसू आ जाते हैं। उनकी अपनी भेड़िया जाति ने जो अत्याचार आप पर किये हैं, उनके कारण भेड़िया संत का माथा लज्जा से जो झुका है, सो झुका ही हुआ है। परन्तु अब वे शेष जीवन आपकी सेवा में लगाकर तमाम पापों का प्रायश्चित्त करेंगे। आज सवेरे की ही बात है कि एक मासूम भेड़ के बच्चे के पाँव में काँटा लग गया, तो भेड़िया संत ने उसे दाँतों से निकाला—दाँतों से! पर जब वह बेचारा कष्ट से चल बसा, तो भेड़िया संत ने सम्मानपूर्वक उसकी अन्त्येष्टि-क्रिया की। उनके घर के पास जो हड्डियों का ढेर लगा है, उसके दान की घोषणा उन्होंने आज सवेरे ही की। अब तो वह सर्वस्व त्याग चुके हैं। अब आप उनसे भय मत करें। उन्हें अपना भाई समझें। बोलो सब मिलकर, 'संत भेड़िया जी की जय!' "

इसी संग्रह में 'गो-भक्ति', 'देव-भक्ति' और 'रासलीला' जैसी कहानियाँ भी हैं जो राजनीति या व्यापार में धर्म के इस्तेमाल के खतरों पर लिखी गई हैं।

यहाँ संकलित एक कहानी 'रामदास' है, जिसे रेखाचित्र भी कहा जा सकता है। यह स्वतंत्र भारत के उस दृश्य को दर्शाती है जब रोजगार और आजीविका के संघर्ष में अनेक जीवन नष्ट हो रहे हैं। अमरकांत की कहानी 'दोपहर का भोजन' इस विषय पर कालजयी रचना है जो इसी कालखंड का दस्तावेज है। इस दौर में रामदास जैसे मासूम और निश्छल लोग भी हैं जो बेरोजगारी का दंश झेलकर चुपचाप अपने और

अपने परिवार को नष्ट होता हुआ देख रहे हैं तो अगली ही कहानी 'एक घंटे का साथ' में आए भूतपूर्व क्रान्तिकारी जैसे लोग भी हैं जो कड़वाहट से भरकर अपनी जरूरतों के लिए दूसरों पर तार्किक और भावनात्मक दबाव डाल रहे हैं।

सामाजिक गतिशीलता और पाखंड के अनेक दृश्य परसाई की इस प्रारम्भिक किताब में बार-बार आते हैं। 'गधा और मोर' सामूहिक बुद्धिनाश की कथा है। यहाँ बुद्धिनाश का कारण स्वभावगत है जिसे परसाई रेखांकित करते हैं। लेकिन परसाई की बाद की रचनाएँ बताती हैं कि आगे जाकर यह बुद्धिनाश राजनीति और धर्म के लिए बार-बार होता गया है।

अकारण नहीं है कि प्रारम्भ से ही परसाई स्त्रियों की स्वाधीनता पर मुखर रहे हैं। उनका लघु उपन्यास 'तट की खोज' 1955 में ही आ गया था जो नायिका के व्यक्तित्व पर अत्यन्त प्रभावशाली रचना है। व्यक्तित्व की खोज करना और उसे पहचान देकर स्थापित करना परसाई के स्त्री पात्रों का निजी ढंग है। यहाँ 'खाली मकान' और शीर्षक कहानी 'तब की बात और थी' की नायिकाएँ व्यक्तित्व-सम्पन्नता का श्रेष्ठ उदाहरण हैं।

'खाली मकान' की नायिका भुवनमोहिनी है, जो अपने शराबी-जुआरी पति को छोड़कर बाबू नरेन्द्र कुमार वर्मा के साथ रहने लगी थी। जब उसके एक बेटा हो गया तब उसने अपने और अपने बेटे की परवरिश के लिए वर्मा पर मुकदमा कर दिया। जाहिर है, ऐसी स्त्री लोक-निन्दा के लिए उपयुक्त पात्र है। सावित्री देवी के घर जब वह आती है तब उसका जैसा चित्र परसाई ने उपस्थित किया है, वह भुलाया नहीं जा सकता, "उसे देखते ही सावित्री देवी के मुख और वस्त्रों का रंग एक साथ उड़ गया। उसकी सहज स्वाभाविक चाल में बड़ी निर्भयता

थी। मुख पर आत्मविश्वास था। वह निःसंकोच भाव से आकर सावित्री देवी के ठीक बगल में बैठ गई।"

कहानी का कथ्य जो हो लेकिन परसाई यहाँ भारतीय समाज का पाखंड और उसके समक्ष अपने व्यक्तित्व की खोजकर रही युवती को ऐन आमने-सामने करते हैं।

'तब की बात और थी' में सुशीला दृढ़ता के साथ कहती है, "तब की बात और थी। तब मैं उन्हें गौरवपूर्वक अधिकार की तरह प्राप्त कर रही थी, जैसे एक नारी पुरुष को प्राप्त करती है। अब वे मुझे भिखारिणी की झोली में भीख की तरह फेंके जा रहे हैं। मैं भीख स्वीकार नहीं करूँगी।"

सवाल किया जा सकता है कि ऐसे दृढ़ निश्चयी और मुखर व्यक्तित्व स्त्री पात्र देने वाले परसाई के यहाँ 'नारी' और 'बाबू की बदली' जैसी कहानियाँ भी हैं जो स्त्री के कमजोर पक्ष को चित्रित करती हैं।

'नारी' की नर्स डॉक्टर को अपने इशारों पर नचाने वाली है जिसकी ध्वनि चालू अर्थों की तरफ जाती है। दूसरी तरफ 'बाबू की बदली' में बाबू की पत्नी अपने पति के अफसर द्वारा शरीर-सम्पर्क के बाद आत्महत्या कर लेती है।

परसाई ने इसका जवाब दिया है, "मैं नारी की गुलामी का समर्थक नहीं। अनिच्छापूर्वक ही क्यों, इच्छापूर्वक भी अगर नारी का संपर्क अन्य पुरुष से हो जाए, तो भी वह एक हद तक क्षम्य है। परस्त्रीगामी पुरुष का भी तो कुछ बिगड़ता नहीं। पर कहानी की नायिका अगर प्रतिकार कर देती, तो व्यक्ति के इस प्रतिकार से हम सन्तोष का अनुभव भर कर लेते। बड़े पद और धन के प्रभाव से मातहतों की स्त्रियों की इज्जत लूटना, बड़े परिमाण में एक सामाजिक बुराई है, जिसका अन्त व्यक्ति के प्रतिकार से नहीं होगा। हर आदमी के हाथ में बन्दूक दे देने से क्रान्ति

नहीं हो जाएगी। ऐसी सामाजिक बुराई के लिए सामाजिक करुणा और सामाजिक रोष को जगाना होगा, संगठित सामाजिक संघर्ष करना होगा। बाबू की पत्नी के बलिदान में यही प्रयोजन है।"

सम्भव है कि नये बन रहे समाज में एकाएक क्रान्तिकारी बदलाव की अपेक्षा उचित नहीं। परसाई भारतीय सामाजिक संरचना को खूब समझते हैं और वे किसी हड़बड़ी में भी नहीं हैं।

अपने प्रकाशन के लगभग सत्तर वर्षों बाद अब तक अनुपलब्ध रही इस छोटी-सी पुस्तक का नया संस्करण राजकमल प्रकाशन के सौजन्य से आ रहा है। इसे परसाई जन्म-शताब्दी वर्ष में परसाई के पाठकों के लिए उपहार समझना चाहिए। शताब्दी वर्ष में ही यह पुस्तक एक पुराने पुस्तकालय में प्राप्त हुई थी। हालाँकि यहाँ संकलित कुछ रचनाएँ परसाई की दूसरी किताबों और रचनावली में आई हैं, तब भी इस पुस्तक को देखना नये-नये भारतीय लोकतंत्र के एक प्रामाणिक सामाजिक चित्र को देखना होगा।

—पल्लव

अपनी बात

यह तीसरा संग्रह है। पहिले 'सती का बेटा' नाम से प्रेस में गया था। पर यह 'बेटा' प्रेस को अनाथालय समझ बैठा। वहीं बस गया। यह डेढ़ साल पहिले की बात है। तब की बात और थी। फुसलाकर बाहर निकाला गया। अब वही कहानियाँ कुछ नई रचनाओं के साथ नया नाम लेकर इस संग्रह में आई हैं। इस संग्रह के आधार पर अगर यह निर्णय किया गया कि इस बीच, मैं आगे बढ़ा या पीछे हटा, तो भूल हो जाएगी। इसकी कई रचनाएँ बिलकुल हाल की हैं; अन्य वर्षों पहिले की।

पहिली दो पुस्तकों की समीक्षाएँ जहाँ-तहाँ हुईं। देखीं। समीक्षा-शास्त्र में कई प्रकार की आलोचना-पद्धतियाँ लिखी हैं। लिखी होंगी। हिन्दी में सबसे प्रचलित और लोकप्रिय पद्धति है—अपनों की प्रशंसा और परायों की निन्दा। यह बड़ी स्पष्ट, सरल और उलझन-विहीन पद्धति है। इसके मानदंड भी स्थिर और शाश्वत हैं। दोनों का शिकार हुआ।

समीक्षा के स्टैंडर्ड की बात कहूँ, तो किसी-किसी पत्र की समीक्षा पढ़कर मुझे ऐसा लगा, कि शायद कम्पोजीटर से समीक्षा करा दी है।

एक समीक्षक ने पुस्तक के दस हजार वाक्यों में से एक वाक्य ढूँढ़कर कहा—देखो, यह वाक्य शिथिल है। समुद्र में खूब गहरा गोता लगाकर मुट्ठी में कीचड़ भर लाए और शान से दिखा दी। कुछ ने बिना पढ़े कहा कि धन्य है; श्रेष्ठ है!

लेकिन कुछ आलोचनाएँ अच्छी, निष्पक्ष और स्पष्ट हुईं। इनमें बुरा भी कहा गया और भला भी।

अपनी कहानियों के बारे में कुछ कहने में डर लगता है। पहिले संग्रह के वक्तव्य को पढ़कर कुछ विद्वज्जनों ने कहा था कि उसमें मेरा अहंकार दहाड़ रहा है। मैंने खुद अपनी कहानियों को 'अच्छा' कह लिया था।

अन्तिम कहानी का नाम संग्रह का नाम है : 'तब की बात और थी'। इस कहानी के प्रति मेरा पक्षपात नहीं है, अन्य कहानियों से अधिक प्रिय भी यह नहीं है। पर शीर्षक बहुत अच्छा है। भावात्मक कहानी है। मुझसे पूछा गया कि कहानी की नायिका जिस पुरुष को चाहती थी, उसे फिर तुनककर त्याग क्यों देती है? यह क्या कोरी भावुकता नहीं है? भावुकता तो है। व्यावहारिक दृष्टि से वह नादान भी लगती है। पर उसमें मैंने वह चीज देखी, जिसे शरत की राजलक्ष्मी ने अभया में 'आग' कहा है। कहानी की नायिका को मैं जानता हूँ। उसके आत्मसम्मान ने मुझे आकर्षित किया, उसकी 'आग' से मैं अभिभूत हुआ। मैंने कहानी लिख दी, यद्यपि विवाह करने के लिए समझाने वालों में, मैं सबसे ज्यादा वाचाल था।

'बाबू की बदली' कहानी की नायिका के सम्बन्ध में कई स्त्रियों ने ही मुझसे कहा कि यदि छल-कपट से बाध्य हो बाबू की पत्नी का

अफसर से शरीर-सम्पर्क हो गया, तो क्या उसे मर जाना चाहिए था? क्या आप स्त्री की गुलामी का समर्थन करते हैं? क्या स्त्री केवल पुरुष की भोग्या है? क्या पर-पुरुष से अनिच्छापूर्वक सम्बन्ध हो जाने से ही स्त्री अपवित्र हो जाती है? आपने इस स्त्री से समर्पण क्यों कराया? क्या वह प्रतिकार नहीं कर सकती थी? क्या वह अफसर का गला नहीं घोंट सकती थी?

इतने सारे सवाल। मैंने कहा कि मैं नारी की गुलामी का समर्थक नहीं। अनिच्छापूर्वक ही क्यों, इच्छापूर्वक भी अगर नारी का सम्पर्क अन्य पुरुष से हो जाए, तो भी वह एक हद तक क्षम्य है। परस्त्रीगामी पुरुष का भी तो कुछ बिगड़ता नहीं। पर कहानी की नायिका अगर प्रतिकार कर देती, तो व्यक्ति के इस प्रतिकार से हम सन्तोष का अनुभव भर कर लेते। बड़े पद और धन के प्रभाव से मातहतों की स्त्रियों की इज्जत लूटना, बड़े परिमाण में एक सामाजिक बुराई है, जिसका अन्त व्यक्ति के प्रतिकार से नहीं होगा। हर आदमी के हाथ में बन्दूक दे देने से क्रान्ति नहीं हो जाएगी। ऐसी सामाजिक बुराई के लिए सामाजिक करुणा और सामाजिक रोष को जगाना होगा, संगठित सामाजिक संघर्ष करना होगा। बाबू की पत्नी के बलिदान में यही प्रयोजन है।

यह भी कहा गया है कि मेरा व्यंग्य बड़ा कटु होता है। होता तो है। पर चट्टान-सी बुराई पर अगर कोई सुनार की छोटी हथौड़ी से प्रहार करे, तो यह उसकी नासमझी ही कही जाएगी। चट्टान पर तो लुहार के घन का भरपूर हाथ ही पड़ना चाहिए। सामाजिक बुराइयों के प्रति मैं बहुत कटु हूँ। शेर को 'टॉयगन' से जिस दिन मारना सम्भव हो जाएगा, उस दिन फिर सोचूँगा कि क्या करूँ!

अपनी रचनाओं के बारे में कुछ और कहना नहीं चाहता। संग्रह में कहानियाँ, रेखाचित्र, लघुकथाएँ, प्रतीक-कथाएँ, Fables सब हैं।

मुझे तो ये सब महान् कलाकृतियाँ लग रही हैं; सबको अपनी ऐसी ही लगती हैं; कह देने और नहीं कह देने का फर्क है।

—हरिशंकर परसाई

1 जून, 1956
जबलपुर

भेड़ें और भेड़िये

एक बार एक वन के पशुओं को ऐसा लगा कि वे सभ्यता के उस स्तर पर पहुँच गए हैं, जहाँ उन्हें एक अच्छी शासन-व्यवस्था अपनानी चाहिए।

और, एक मत से यह तय हो गया कि वन-प्रदेश में प्रजातंत्र की स्थापना हो।

शीघ्र ही एक समिति बैठी। शीघ्र ही एक विधान बन गया और शीघ्र ही एक पंचायत के निर्माण की घोषणा हो गई, जिसमें वन के तमाम पशुओं के द्वारा निर्वाचित प्रतिनिधि हों और जो वन-प्रदेश के लिए कानून बनाए और शासन करे।

पशु-समाज में इस 'क्रान्तिकारी' परिवर्तन से हर्ष की लहर दौड़ गई कि सुख, समृद्धि और सुरक्षा का स्वर्ण-युग अब आया और वह आया।

जिन वन-प्रदेश में हमारी कहानी ने चरण धरे हैं, उसमें भेड़ें बहुत थीं—निहायत नेक, ईमानदार, कोमल, विनयी, दयालु, निर्दोष पशु, जो घास तक को फूँक-फूँककर खाता है।

भेड़ों ने सोचा कि अब हमारा भय दूर हो जाएगा। हम अपने प्रतिनिधियों से कानून बनवाएँगे कि कोई जीवधारी किसी को न सताए, न मारे। सब जिएँ और जीने दें। शान्ति, स्नेह, बन्धुत्व, और सहयोग पर समाज आधारित हो।

और इधर भेड़ियों ने सोचा कि हमारा अब संकटकाल आया। भेड़ों की संख्या इतनी अधिक है कि पंचायत में उनका ही बहुमत होगा। और अगर उन्होंने कानून बना दिया कि कोई पशु किसी को न मारे, तो हम खाएँगे क्या? क्या हमें घास चबाना सीखना पड़ेगा?

ज्यों-ज्यों चुनाव समीप आता, भेड़ों का उल्लास बढ़ता जाता।

ज्यों-ज्यों चुनाव समीप आता-जाता, भेड़ियों का दिल बैठता जाता।

एक दिन बूढ़े सियार ने भेड़िये से कहा, "मालिक, आजकल आप बड़े उदास रहते हो!"

हर भेड़िये के आसपास दो-चार सियार रहते ही हैं। जब भेड़िया अपना शिकार खा लेता है, तब ये सियार हड्डियों में लगे मांस को कुतर खाते हैं, और हड्डियाँ चूसते रहते हैं। ये भेड़िये के आसपास दुम हिलाते चलते हैं, उसकी सेवा करते हैं, और मौके-बेमौके 'हुआ-हुआ' चिल्लाकर उसकी जय बोलते हैं।

तो बूढ़े सियार ने बड़ी गम्भीरता से पूछा, "महाराज, आपके मुखचन्द्र पर चिन्ता के मेघ क्यों छाए हैं?" वह सियार कुछ कविता भी करना जानता होगा या शायद दूसरे की उक्ति को अपनी बनाकर कहता हो!

खैर, भेड़िये ने कहा, "तुझे क्या मालूम नहीं है कि वन-प्रदेश में नई सरकार बनने वाली है? हमारा राज तो अब चला।"

सियार ने दाँत निपोरकर कहा, "हम क्या जानें महाराज! हमारे तो आप ही 'माई-बाप' हो। हम तो कोई और सरकार नहीं जानते। आपका दिया खाते हैं, आपके गुन गाते हैं।"

भेड़िये ने कहा, "मगर अब समय ऐसा आ रहा है कि सूखी हड्डियाँ भी चबाने को नहीं मिलेंगी।"

सियार सब जानता था, मगर जानकर भी न जानने का नाट्य करना न आता, तो सियार शेर न हो गया होता!

आखिर भेड़िये ने वनप्रदेश के पंचायत के चुनाव की बात बूढ़े सियार को समझाई और बड़े गिरे मन से कहा, "चुनाव अब पास आता जा रहा है। अब यहाँ से भागने के सिवा कोई चारा नहीं है। पर जावें भी कहाँ?"

सियार ने कहा, "मालिक, सरकस में भरती हो जाइए।"

भेड़िये ने कहा, "अरे, वहाँ भी शेर और रीछ को तो ले लेते हैं, पर हम इतने बदनाम हैं कि हमें वहाँ भी कोई नहीं पूछता।"

"तो?" सियार ने खूब सोचकर कहा, "अजायब घर में चले जाइए।"

भेड़िये ने कहा, "अरे, वहाँ भी जगह नहीं है। सुना है, वहाँ तो आदमी रखे जाने लगे!"

बूढ़ा सियार अब ध्यानमग्न हो गया। उसने एक आँख बन्द की, नीचे के होंठ को ऊपर के दाँत से दबाया और एकटक आकाश की तरफ देखने लगा, जैसे विश्वात्मा से कनेक्शन जोड़ रहा हो! फिर बोला, "बस, सब समझ में आ गया। मालिक, अगर पंचायत में आपकी भेड़िया जाति का बहुमत हो जाए तो?"

भेड़िया चिढ़कर बोला, "कहाँ की आसमानी बात करता है? अरे हमारी जाति कुल 10 फीसदी है, और भेड़ें तथा अन्य छोटे पशु 90 फीसदी। भला वे हमें काहे को चुनेंगे? अरे कहीं जिन्दगी अपने को मौत के हाथ सौंप सकती है? मगर हाँ, ऐसा हो सकता, तो क्या बात थी!"

बूढ़ा सियार बोला, "आप खिन्न मत होइए सरकार। एक दिन का समय दीजिए। कल तक कोई योजना बन ही जाएगी। मगर एक बात है, आपको मेरे कहे अनुसार कार्य करना पड़ेगा!"

मुसीबत में फँसे भेड़िये ने आखिर सियार को अपना गुरु माना, और आज्ञा-पालन की शपथ ली।

दूसरे दिन बूढ़ा सियार अपने साथ तीन सियारों को लेकर आया। उनमें से एक को उसने पीले रंग में रँग दिया था, दूसरे को नीले में और तीसरे को हरे में।

भेड़िये ने देखा और पूछा, "अरे, ये कौन हैं?"

बूढ़ा सियार बोला, "ये भी सियार हैं, सरकार—रँगे सियार हैं। आपकी सेवा करेंगे। आपके चुनाव का प्रचार करेंगे।"

भेड़िये ने शंका की, "मगर इनकी बात मानेगा कौन? ये तो वैसे ही छल-कपट के लिए बदनाम हैं!"

सियार ने भेड़िये का हाथ चूमकर कहा, "बड़े भोले हैं आप सरकार! अरे मालिक, रूप-रंग बदल देने से तो, सुना है, आदमी तक बदल जाते हैं। फिर ये तो सियार हैं।"

और, तब बूढ़े सियार ने भेड़िये का भी रूप बदला। मस्तक पर तिलक लगाया, गले में कंठी पहिनाई और मुँह में घास के तिनके खोंस दिये। बोला, "अब आप पूरे संत हो गए। अब भेड़ों की सभा में चलेंगे। मगर तीन बातों का खयाल रखना—अपनी हिंसक आँखों को ऊपर मत उठाना! हमेशा जमीन की ओर देखना। और कुछ बोलना मत, नहीं तो सब पोल खुल जाएगी। और वहाँ बहुत-सी भेड़ें आवेंगी—सुन्दर-सुन्दर, मुलायम-मुलायम। तो कहीं किसी को तोड़ मत खाना।"

भेड़िये ने पूछा, "लेकिन ये रँगे सियार क्या करेंगे? ये किस काम आवेंगे?"

बूढ़ा सियार बोला, "ये बड़े काम के हैं। आपका सारा प्रचार तो ये ही करेंगे। इन्हीं के बल पर आप चुनाव लड़ेंगे। यह पीला वाला बड़ा

विद्वान है, विचारक है, कवि भी है, लेखक भी। यह नीला सियार नेता और पत्रकार है। और यह हरा धर्मगुरु है। बस, अब चलो।"

"जरा ठहरो!" भेड़िये ने बूढ़े सियार को रोका, "कवि, लेखक, नेता, विचारक—ये तो सुना है, बड़े अच्छे लोग होते हैं। और ये तीनों..."

बात काटकर सियार बोला, "ये तीनों सच्चे नहीं हैं, रँगे हुए हैं महाराज। अब चलिए, देर मत करिए।"

और वे चले। आगे बूढ़ा सियार था, उसके पीछे रँगे सियारों के बीच भेड़िया चल रहा था—मस्तक पर तिलक, गले में कंठी, मुख में घास के तिनके। धीरे-धीरे चल रहा था—अत्यन्त गम्भीरतापूर्वक, सिर झुकाए विनय की मूर्ति!

उधर एक स्थान पर सहस्रों भेड़ें इकट्ठी हो गई थीं—उस संत के दर्शन के लिए, जिसकी चर्चा बूढ़े सियार ने फैला रखी थी।

चारों सियार भेड़िये की जय बोलते हुए भेड़ों के झुंड के पास आए।

बूढ़े सियार ने एक बार जोर से संत भेड़िये की जय बोली। भेड़ों में पहले से ही यहाँ-वहाँ बैठे सियारों ने भी जय-ध्वनि की।

भेड़ों ने देखा तो बोली, "अरे भागो, यह तो भेड़िया है!"

तुरन्त बूढ़े सियार ने उन्हें रोककर कहा, "भाइयो और बहिनो! अब भय मत करो। भेड़िया राजा संत हो गए हैं। उन्होंने हिंसा बिलकुल छोड़ दी है। उनका 'हृदय-परिवर्तन' हो गया है। वे आज सात दिनों से घास खा रहे हैं। रात-दिन भगवान के भजन और परोपकार में लगे रहते हैं। उन्होंने अपना जीवन जीव-मात्र की सेवा के लिए अर्पित कर दिया है। अब वे किसी का दिल नहीं दुखाते; किसी का रोम तक नहीं छूते। भेड़ों से उन्हें विशेष प्रेम है। इस जाति ने जो कष्ट सहे हैं, उनकी याद करके अभी भी भेड़िया संत की आँखों में आँसू आ जाते हैं। उनकी अपनी भेड़िया जाति ने जो अत्याचार आप पर किये हैं, उनके कारण

भेड़िया संत का माथा लज्जा से जो झुका है, सो झुका ही हुआ है। परन्तु अब वे शेष जीवन आपकी सेवा में लगाकर तमाम पापों का प्रायश्चित्त करेंगे। आज सबेरे की ही बात है कि एक मासूम भेड़ के बच्चे के पाँव में काँटा लग गया, तो भेड़िया संत ने उसे दाँतों से निकाला—दाँतों से! पर जब वह बेचारा कष्ट से चल बसा, तो भेड़िया संत ने सम्मानपूर्वक उसकी अन्त्येष्टि क्रिया की! उनके घर के पास जो हड्डियों का ढेर लगा है, उसके दान की घोषणा उन्होंने आज ही सबेरे की है। अब तो वे सर्वस्व त्याग चुके हैं। अब आप उनसे भय मत करो। उन्हें अपना भाई समझो। बोलो सब मिलकर, 'संत भेड़िया जी की जय!'

भेड़िया जी अभी तक उसी तरह गर्दन डाले विनय की मूर्ति बने बैठे थे। बीच में कभी-कभी सामने की ओर इकट्ठी भेड़ों को देख लेते और टपकती हुई लार को गुटक जाते।

बूढ़ा सियार फिर बोला, "भाइयो और बहिनो, मैं भेड़िया संत से अपने मुखारविन्द से आपको प्रेम और दया का सन्देश देने की प्रार्थना करता, पर प्रेम-वश उनका हृदय भर आया है। वे गद्गद हो गए हैं, और भावातिरेक से उनका कंठ अवरुद्ध हो गया है। वे बोल नहीं सकते। अब आप इन तीनों रंगीन प्राणियों को देखिए। आप इन्हें न पहिचान पाए होंगे। पहिचानें भी कैसे? ये इस लोक के जीव तो हैं नहीं। ये तो स्वर्ग के देवता हैं जो हमें सदुपदेश देने के लिए पृथ्वी पर उतरते हैं। ये पीले विचारक हैं, कवि हैं, लेखक हैं। नीले नेता हैं और स्वर्ग के पत्रकार हैं। और हरे वाले धर्मगुरु हैं। अब कविराज आपको स्वर्ग-संगीत सुनावेंगे। हाँ, कवि जी...।"

पीले सियार को 'हुआ-हुआ' के सिवा कुछ और तो आता नहीं था। 'हुआ-हुआ' चिल्ला दिया। शेष सियार भी 'हुआ-हुआ' बोल पड़े। बूढ़े सियार ने आँख के इशारे से शेष सियारों को मना किया और चतुराई

से बात को यों कहकर सँभाला, "भाई कविजी तो कोरस में गीत गाते हैं। पर कुछ समझे आप लोग? कैसे समझ सकते हैं? अरे, कवि की बात सबकी समझ में आ जावे तो वह कवि काहे का? उनकी कविता में से शाश्वत के स्वर फूट रहे हैं। वे कह रहे हैं कि जैसे स्वर्ग में परमात्मा, वैसे ही पृथ्वी पर भेड़िया। हे भेड़िया जी, हे महान्!। आप सर्वत्र व्याप्त हैं, सर्वशक्तिमान हैं। प्रातःकाल संध्या आपके मस्तक पर तिलक करती है, साँझ को ऊषा आपका मुख चूमती है, पवन आपकी अग्नि पर पंखा करती है, और रात्रि को आपकी ही ज्योति लक्ष-लक्ष खंड होकर आकाश में तारे बनकर चमकती है। हे विराट! आपके चरणों में इस क्षुद्र का प्रणाम है।"

फिर नीले रंग के सियार ने कहा, "निर्बलों की रक्षा बलवान ही कर सकते हैं। भेड़ें कोमल हैं, निर्बल हैं, अपनी रक्षा नहीं कर सकतीं। भेड़िया बलवान है, इसलिए उसके हाथ में अपने हितों को छोड़ निश्चिन्त हो जाओ। वह भी तुम्हारा भाई है। आप एक ही जाति के हो। तुम भेड़, वह भेड़िया। कितना कम अन्तर है! और बेचारा भेड़िया व्यर्थ ही बदनाम कर दिया गया है कि वह भेड़ों को खाता है। अरे खाते और हैं, हड्डी उसके द्वार पर फेंक जाते हैं। ये व्यर्थ बदनाम होते हैं। तुम लोग तो पंचायत में बोल भी नहीं पाओगे। भेड़िया बलवान है। यदि तुम पर कोई अन्याय होगा, तो डटकर लड़ेगा। इसलिए अपनी हित-रक्षा के लिए भेड़ियों को चुनकर पंचायत में भेजो। बोलो, 'संत भेड़िया की जय!'"

फिर हरे रंग के धर्म-गुरु ने उपदेश दिया, "जो यहाँ त्याग करेगा, वह उस लोक में पाएगा। जो यहाँ दुख भोगेगा, वह वहाँ सुख पाएगा। जो यहाँ राजा बनाएगा, वह वहाँ राजा बनेगा। जो यहाँ वोट देगा, वह वहाँ 'वोट' पाएगा। इसलिए सब मिलकर भेड़िया को वोट दो। वे दानी हैं, परोपकारी हैं, संत हैं। मैं उनको प्रणाम करता हूँ।"

यह एक भेड़िये की कथा नहीं है, यह सब भेड़ियों की कथा है। सब जगह इस प्रकार प्रचार हो गया और भेड़ों को विश्वास हो गया कि भेड़िये से बड़ा उनका कोई हित-चिन्तक और हितरक्षक नहीं है।

और अब पंचायत का चुनाव हुआ तो भेड़ों ने अपनी हित-रक्षा के लिए भेड़ियों को चुना।

और पंचायत में भेड़ों के हितों की रक्षा के लिए भेड़िये प्रतिनिधि बनकर गए।

और पंचायत में भेड़ियों ने भेड़ों की भलाई के लिए पहिला कानून यह बनाया :

"हर भेड़िये को सबेरे नाश्ते के लिए भेड़ का एक मुलायम बच्चा दिया जाए, दोपहर के भोजन में एक पूरी भेड़ तथा शाम को स्वास्थ्य के खयाल से कम खाना चाहिए, इसलिए आधी भेड़ दी जाए।"

बाबू की बदली

निपट काले आदमी को 'गोरेलाल' नाम की अर्थहीनता का बोझ ढोते देखकर हम अचम्भे में नहीं आते। नाम और गुण का विरोध इतना सहज-सामान्य हो गया है कि अच्छे उच्चकोटि के मूर्ख का 'सरस्वती प्रसाद' नाम भी हम सह लेते हैं। लेकिन जो 'डेव्हेलपमेंट' दफ्तर के बाबू भोलाराम को जानता है, उसे अवश्य अचम्भा होता है। ऐसा मालूम होता है कि भोलाराम अपने नाम को सत्य और सार्थक सिद्ध करने के लिए ही जी रहा है। उसका यह नाम जन्म के समय नहीं बल्कि खूब बढ़ जाने पर दिया हुआ मालूम होता है। वह हद दर्जे का भोला आदमी था। संसार के छल, कपट, प्रवंचना, चालाकी और चतुराई से बिलकुल अछूता। वह सहज विश्वासी आदमी था। जीवन में शुरू से ही सीधी राह पर चलता था। और न जाने कब से हर सीधी राह पर गड्ढे बन गए हैं, कि हर सीधा आदमी उनमें गिरता है और निकलकर आगे बढ़ता है तो देखता है, 'टेढ़ी राह' वाला आगे निकल गया है। ये टेढ़ी राह वाले दिन में तो चलते हैं परन्तु रात में चुपचाप सीधी राह पर गड्ढे खोदते

हैं। इसी भोला वाले नये महकमे में उसके नये साथी तरक्की पा गए थे, पर वह अभी भी वहीं था।

इस छोटे-से कस्बे में भोलाराम एक छोटे-से मकान में रहता था। सुख और सन्तोष का उसका जीवन था। वह सच्चा और चरित्रवान आदमी था। तरक्की का उसने कभी प्रयास नहीं किया; वह उसे कभी लुभावनी नहीं लगी। जितना मिलता, उसमें उसे सन्तोष था, और 'जब आवे सन्तोष धन, सब धन धूरि समान'—संतों की परीक्षित वाणी है।

उसका विवाह हुए चार-पाँच साल हो गए थे, पर अभी तक कोई सन्तान नहीं थी। उसकी पत्नी सावित्री बड़ी पतिपरायणा, सुशीला और साध्वी स्त्री थी। कुछ लोग होते हैं जिन्होंने सब स्त्रियों के बारे में सब कुछ जानने का ठेका ले रखा है और जो अपने विकृत मन की पुस्तक का कोई भी पृष्ठ खोलकर किसी भी जानी-अनजानी के विषय में घटित और अघटित अनेक कलंक-प्रसंग कह सुनाएँगे। सावित्री पर इनकी भी दृष्टि अभी तक नहीं पड़ी थी। गाँव-मुहल्ले में वह आदर्श पत्नी मानी जाती थी और स्त्रियों में उसका बड़ा आदर था।

गरीब पिताओं की ये सन्तानें परिणय-बन्धन में बँध गईं तो थोड़ी कमाई में भी गृहस्थी सुख और सन्तोष की साँस लेने लगी। दोनों बड़े सदाचारी, श्रद्धालु और धर्मभीरु आदमी थे। सबेरे-शाम इस घर में भगवान की पूजा-आरती होती। व्रत, उपवास भी अक्सर होते रहते। शनिवार को रामायण का पाठ होता और मुहल्ले के परम आलसियों को भी खाट पर लेटे ही लेटे राम का नाम सुनने को मिल जाता।

लेकिन भोलाराम का भलापन उनके साथी बाबुओं से नहीं सहा जाता था। बुराई को हम कैसे धैर्य से सह लेते हैं, पर भलाई हममें से कितनों से सहन होती है? भोलाराम फाइलें घर नहीं लाता था। अन्य बाबू घर में भी फाइलों पर झुके रहते थे। बस, साथी बाबुओं को अप्रसन्न

करने का यही कारण काफी था। बड़े बाबू उससे इस कारण नाराज थे कि इस बुद्ध के कारण उनकी बहुत-सी ऊपरी आमदनी मारी जाती थी। इस सब रागद्वेष के बीच वे दोनों प्राणी बड़े विश्वास से जी रहे थे।

इस वर्ष उन्हें एक चिन्ता सताने लगी थी। भोला का एक छोटा भाई था, रमेश। वह अत्यन्त तीव्र बुद्धि का लड़का था। हर साल कक्षा में प्रथम स्थान पाता था। इस साल वह आठवीं कक्षा पास हो गया था। उस कसबे में इसके आगे पढ़ाई का प्रबन्ध नहीं था। हाईस्कूल की पढ़ाई के लिए लड़कों को शहर जाना पड़ता था। भोला और सावित्री को यही चिन्ता सता रही थी कि अब रमेश की पढ़ाई कैसे होगी। शहर में छात्रावास में रख देने की उनकी हैसियत नहीं थी। कोई रिश्तेदार वहाँ था नहीं। और रिश्तेदार होने से भी क्या होता है? तनिक-सी सहायता के बोझ से कितने रिश्तों को हमने टूटते देखा है। भोला और सावित्री, दोनों रमेश को पुत्रवत् प्यार करते थे। सन्तान के लिए माता-पिता के हृदय में जो वात्सल्य संचित रहता है, वह इसी बच्चे पर उड़ेल दिया था। बचपन से वह 'छोटा भैया' कहलाता था। भोला और सावित्री की बड़ी इच्छा थी कि 'छोटा भैया' खूब पढ़कर खूब बड़ा आदमी हो जाए।

एक दिन भोलाराम बड़े प्रसन्न मन दफ्तर से लौटे। बड़े उत्साह से पत्नी से बोले, "सावित्री, एक तरकीब सोची है। परसों शहर से बड़े साहब दफ्तर का मुलाहजा करने आ रहे हैं। अगर मैं उनसे प्रार्थना करूँ तो क्या वे मेरा तबादला शहर का नहीं करेंगे? उनके भी तो बाल-बच्चे होंगे।"

सावित्री ने कहा, "ऐसा हो जाए तो बहुत अच्छा हो। हम एक छोटा-सा घर ले लेंगे, थोड़े में गुजर कर लेंगे। फिर तो छोटा भैया बी.ए., एम.ए. तक पढ़ सकता है। पर साहब तबादला करेंगे?"

भोला ने कहा, "यही तो मैं भी सोच रहा हूँ। कर भी सकते हैं। तबादले क्या होते नहीं हैं? कहने में क्या हर्ज है?"

सावित्री चिन्तित-सी बोली, "कह देखने में तो कोई हर्ज नहीं है। पर ये तुम्हारे बड़े बाबू तो टाँग नहीं अड़ाएँगे? तिवारी बाबू की पत्नी कहती थीं कि वह बड़ा बाबू बहुत खराब आदमी है। एक बार तिवारी बाबू को किसी झूठे मामले में फँसा दिया था। बेचारे के पुण्य आड़े आए, तो जेल जाने से बचे।"

भोला ने भी किंचित उदास होकर कहा, "हाँ, वह मुझसे अकारण ही चिढ़ पड़ते हैं। पर इस काम में बाधा नहीं डालेंगे। आदमी इतना बुरा नहीं होता सावित्री।"

भविष्य को रँगने के लिए आदमी को कल्पना का अपरिमित रंग मिल जाए तो कौन कंजूसी करेगा? भोला और सावित्री सुखमय शहराती जीवन की कल्पना करते-करते सो गए।

दूसरे दिन भोलानाथ शाम को घर लौटे तो बहुत खुश थे। सावित्री से बोले, "लो, अब तो काम सिद्ध हुआ समझो। साहब हमारे ही घर ठहरेंगे, खाना भी यहीं खावेंगे। अभी बड़े बाबू ने कहा है। बस, अब साहब को खुश करना हमारे हाथ में है। मैं सेवा करूँगा और तू ऐसा बढ़िया खाना बनाकर खिलाना कि साहब एकदम खुश हो जाएँ। तेरे पकवान देखकर तो देवताओं की भी लार टपकती है। साक्षात् अन्नपूर्णा है तू!" भोलाराम खुशी के अतिरेक में पत्नी को छेड़ने लगे।

सावित्री ने प्रसन्नता को जीतते हुए गम्भीरता से कहा, "वाह, तुम्हारी अन्नपूर्णा दूसरे के लिए डायन भी तो हो सकती है। तुम्हारी आँख और दूसरे की आँख में अन्तर भी तो हो सकता है। खैर, दो दिन सेवा कर देंगे तो पत्थर भी पिघल जाएगा। यह अच्छा हुआ कि उन्हें यहाँ ठहरा लिया। पर अब मेरी फजीहत शुरू हुई। घर में सामान है नहीं; रमेश अभी मामा के यहाँ से आया नहीं। वह होता तो काम में हाथ बँटाता। पर अब सब मुझे ही भुगतना पड़ेगा।"

भोला ने कहा, "चिन्ता मत करो। मुझे कल आधे दिन की छुट्टी बड़े बाबू ने प्रबन्ध करने के लिए दी है। मैं तुम्हारी सहायता करूँगा।"

सावित्री ने हँसते हुए कहा, "क्या सहायता करोगे? बड़े की दाल पीसोगे? चने की दाल चक्की में फेरोगे?"

भोला ने भी हँसते हुए कहा, "जो आज्ञा होगी, वही करूँगा। एक दिन के लिए चाहो तो, कहारिन को भी बन्द कर दो! बर्तन भी साफ कर दूँगा।"

निर्मल हास्य के बीच दोनों ने यहाँ तक तय कर लिया कि कौन चीज शहर जाएगी और कौन नहीं। कितने किराये का मकान लेंगे; कैसा मुहल्ला होगा, कहारिन लगाएँगे या नहीं। ये सब योजनाएँ रात को ही बन गईं। विवाद इस बात पर चल रहा था कि सावित्री की पत्थर की चक्की शहर जाएगी या नहीं। भोला का मत था कि वहाँ हर मुहल्ले में चक्कियाँ हैं तो इसे लादकर क्यों ले जाया जाए? और सावित्री का कहना था कि कौन चीज कब काम पड़ जाए, कह नहीं सकते। इस कारण इसे छोड़ नहीं सकते। इसी समय नींद ने आकर इस अनिर्णित विचार को स्थगित कर दिया।

दफ्तर में बाहर दीवालों की और भीतर फाइलों की लीपा-पोती एक साथ होने लगी। भोलाराम का काम पहिले से ही पूरा था। वह घर बैठा पत्नी से चर्चा कर रहा था कि साहब को नाश्ता और भोजन कब दिया जाए और क्या खिलाया जाए। भोला और सावित्री कुछ इस श्रद्धा और उत्साह से तैयारी कर रहे थे मानो उनके घर भगवान आ रहे हैं! सामान्य भारतीय वैसे ही अतिथि को परमात्मा मानता है, फिर इन्हें तो तुरन्त वरदान की भी आशा थी।

सावित्री ने कहा, "देखो, साहब दस बजे आवेंगे तो उन्हें आते ही चाय और नाश्ता देना पड़ेगा। फिर मैं बारह या एक बजे खाना

खिलाऊँगी। उतावली मत करना। तुम्हारी बहुत बुरी आदत है। पिछले साल वह तुम्हारे मित्र आए थे। तब तुमने बैठक से रसोई घर तक कोई सौ चक्कर लगाए होंगे—'क्यों भाई, हो गया', 'अब क्या देर है?', 'जल्दी करो भाई'—बस, ऐसा ही चिल्लाते रहे। अब यह सब नहीं होगा। मैं सुचित्त से बना लूँगी, तब खिलाऊँगी। सोचो, अगर कोई चीज जल्दी में बिगड़ गई, नमक ही ज्यादा हो गया, तो वे क्या कहेंगे?"

भोलाराम आज्ञाकारी शिशु की तरह उसकी हर बात मानता जाता था।

नौ बजे साहब की सवारी आई। बरामदे में उनके लिए तख्त सजा दिया गया था। वे उस पर बैठे। भोलाराम ने चाय-नाश्ता कराया। इसके बाद साहब दफ्तर की जाँच करने चले गए।

इधर सावित्री रसोईघर में काम पर जुट गई।

एक बजे साहब को खाना खिलाया गया। साहब खाते थे और तारीफ करते जाते थे। सावित्री किवाड़ की आड़ से सुनती और मन-ही-मन भगवान को धन्यवाद देती कि उसने प्रार्थना सुन ली।

भोजन करके साहब फिर दफ्तर चले गए।

इधर भोलाराम ने भीतर जाकर पत्नी से कहा, "सावित्री, तूने तो साहब को जीत लिया। बड़ी तारीफ कर रहे थे तेरे भोजन की।"

सावित्री ने पति के चरणों को छूकर कहा, "तुम्हारी दासी हूँ न! क्या अच्छा भोजन भी नहीं बना सकती?"

भोला भी दफ्तर चल दिया। चलते-चलते कहता गया, "अभी-अभी साहब के सामने अर्जी पेश किये देता हूँ। अब तो सामान बाँधना शुरू कर दो।"

इधर दफ्तर में बड़े बाबू की साहब से बातचीत हो रही थी। बड़े बाबू पन्द्रह-बीस साल तक शहर की कचहरी में काम कर चुके थे।

साहब से उनका पुराना सम्पर्क था। कचहरी में घूसखोरी, झूठे मुकदमे, बेदखली आदि सब कार्य बड़े बाबू के मार्फत होते थे। किसी के मकान पर किसी का कब्जा करवा देते, मामले की फाइलें गायब करवा देते, वकीलों को पलटवा देते, चोरी पचवा देते। इन सब कार्यों के करने के कारण इनकी बड़ी अजब मुख-मुद्रा हो गई थी। सामने खड़े हुए आदमी से बात करते-करते वे पीछे खड़े हुए आदमी को बाईं आँख बन्द करके एक सेकंड में संकेत से सब समझा देते। जीवन में बाईं आँख को मिचकाने का उन्हें इतना काम पड़ा था कि निरन्तर अभ्यास के कारण इनकी बाईं आँख कुछ छोटी हो गई थी।

भोला के दफ्तर आने के पहले बड़े बाबू साहब से इसी तरह आँखें मिचकाकर बातें कर रहे थे।

दिन भर फिर दफ्तर की जाँच हुई। शाम को फिर साहब को भोला ने बड़े यत्न और आदर से खाना खिलाया।

खाना खाकर साहब ने भोला को पास बुलाया और बड़ी गम्भीरता से बोले, "देखो भोलाराम, तुम अभी जवान आदमी हो। सारा जीवन तुम्हारे सामने पड़ा है। अगर तुम अभी से ऐसा करोगे तो तुम्हारा क्या हाल होगा?"

भोला कुछ नहीं समझ पाया। वह अचम्भे से साहब की ओर देखता रहा।

साहब ने फिर कहा, "नहीं समझे? खैर, खुलासा करता हूँ। मैंने दिन में तुम्हारा हिसाब देखा है। उसमें दो हजार का गोलमाल मालूम होता है। हिसाब मिलता ही नहीं है। दो-तीन घंटे मैंने माथा-पच्ची की है। तुम जानते हो, यह सरकारी पैसा है। गबन का मामला है। मैं भी आखिर नौकर हूँ। मैं क्या कर सकता हूँ? सात साल से कम की सजा नहीं होगी इसमें।"

भोला खड़ा-खड़ा सूख गया। उसकी जीभ तालू से चिपक गई। टूटे-फूटे शब्दों में वह बोला, "मैंने कभी ऐसा नहीं किया। मैंने एक पैसा भी खर्च नहीं किया। ऐसा हो ही नहीं सकता।"

साहब बोले, "मैं भी चाहता हूँ, ऐसा न हो। मैं तुम्हारे काम से खुश हूँ। पर रजिस्टर जो कहता है, वह माना जाएगा। आदमी की बात कौन मानता है? मैं भी मजबूर हूँ। कल सबेरे मुझे पुलिस को इत्तिला करनी ही होगी।"

भोला ने गिड़गिड़ाकर कहा, "मुझे एक बार फिर से हिसाब देख लेने दीजिए। मुझे विश्वास है कि कोई गड़बड़ न होगी।"

साहब ने सहानुभूति के स्वर में कहा, "अच्छा, मैं तुम्हें सुबह तक का वक्त और देता हूँ। जाकर सब रजिस्टरों से रकमों का मिलान करो। मिल जाए तो ठीक ही है, वरना..."

भोला तुरन्त भीतर गया। सावित्री किवाड़ की ओट से सब सुन रही थी। स्वामी से लिपटकर फफककर रो पड़ी। कहने लगी, "ऐसा नहीं हो सकता। मैं तुम्हें जानती हूँ, तुम ऐसा नहीं कर सकते। लेकिन भाग्य ही जब रूठ गया है!"

भोला ने बिना कुछ बोले लालटेन जलाई और दफ्तर को चल दिया। दोनों के मुँह में भोजन का एक कौर भी नहीं गया।

सावित्री फर्श पर पड़ी-पड़ी घंटों रोती रही। उसकी सारी सुख-कल्पना जलकर राख हो गई थी, जैसे बाग में सुन्दर फूलों के बीच घूमते आदमी को साँप काट ले। उसने कल्पना में देखा कि स्वामी को पुलिस वाले हथकड़ी डाले ले जा रहे हैं। वे जेल में चक्की पीस रहे हैं, और रमेश तथा वह गली-गली भीख माँग रहे हैं। रोते-रोते उसकी साड़ी तर हो गई।

इधर भोलानाथ रात भर सब रजिस्टरों को मिलाता रहा। सुबह पाँच बजे गलती उसे पकड़ में आई। एक रजिस्टर से दूसरे रजिस्टर में

लेते समय 3 की जगह 5 लिख दिया गया था। लेकिन उसने ध्यान से देखा कि यह 5 उसका लिखा हुआ नहीं है। किसी ने 3 को मिटाकर 5 लिखा है, जो स्पष्ट दिख रहा है। वह समझ गया कि यह बड़े बाबू की बदमाशी है। पर इस समय वह इतना प्रसन्न था कि बड़े बाबू पर उसे क्रोध नहीं आया, जैसे कुएँ में ढकेल दिये गए आदमी को एकाएक रस्सी लटकती मिल जाए तो जीवन-रक्षा की खुशी में वह ढकेलने वाले को उस क्षण भूल जाता है।

भोलाराम दौड़ता हुआ घर आया। भूख, जागरण और चिन्ता से सूखे हुए मुख पर उल्लास और ईमानदारी का गर्व छा रहा था। उस समय प्रभात हुआ ही चाहता था।

वह बरामदे में पहुँचा। देखा, साहब जाग पड़े हैं, बिस्तर पर बैठे सिगरेट पी रहे हैं। भोलाराम के बोलने के पहले ही वे बोल पड़े, "अरे तुम आ गए न! मैं किसी आदमी को भेज तुम्हें बुलाने ही वाला था। विचार करते-करते मुझे एकदम समझ में आया कि गलती तुम्हारी नहीं है। तुम बिलकुल निर्दोष हो। मैं तुमसे बहुत खुश हूँ। अभी तुम्हारे तबादले का ऑर्डर देता हूँ। कुछ तरक्की भी दिलाऊँगा।"

भोलाराम कुछ बोल न सका। उसने केवल इतना कहा, "यह सब बड़े बाबू की..."

"मैं देखूँगा उसे!" साहब ने बात काट दी।

भोलाराम भीतर गया और सावित्री को यह शुभ संवाद सुनाया। उसकी आँखों से केवल दो बूँद आँसू टपक पड़े।

दिन चढ़ने पर भोलाराम को बदली का हुक्म भी मिल गया।

साहब को बिदा करके जब भोलाराम प्रसन्न मन घर लौटा तो उसने देखा, उसके साथी बाबू व्यंग्य की हँसी हँस रहे हैं। वह अवहेलना करके चला आया।

बरामदे को पार करके भीतर घुसते ही वह प्रसन्नता से चिल्लाया, "सावित्री, चलो, सामान बाँधो, शहर चलेंगे।"

उसे उत्तर नहीं मिला। चारों तरफ देखा तो भगवान के सिंहासन वाले कोने में सावित्री की लाश रस्सी से टँगी नजर आई।

लाश के ठीक नीचे एक कागज पत्थर से दबा रखा हुआ था। भोला ने खोलकर पढ़ा। लिखा था :

'स्वामी,

तुम रमेश को लेकर शहर चले जाना। मैं हमेशा के लिए बिदा हो रही हूँ। अब यह तन जीने योग्य नहीं रहा।'

मोटर और प्यार

माउंट रोड पर एक हरी मोटरकार रोज पाँच बजे शाम को उत्तर से दक्षिण जाती थी। माउंट रोड पर ही एक पीली कार रोज पाँच बजे शाम को दक्षिण से उत्तर जाती थी। और जब एक उत्तर से दक्षिण तथा दूसरी दक्षिण से उत्तर जाएगी, तो रोज आमना-सामना होगा ही। और जब रोज आमना-सामना होगा तो किसी दिन पहिचान का जन्मोत्सव भी मनाया ही जाएगा, और जिसका जन्म हो गया, वह क्या बढ़ने से रुक सकता है?

तो हरी और पीली कारों की पहिचान भी बढ़ गई। एक दिन हरी कार ठिठक गई; तो पीली कार भी ठिठक गई। हरी कार ने पीली कार से कहा, "मुझे तुमसे प्यार है।"

पीली कार ने भी लज्जा से लाल होकर कहा, "मुझे भी तुमसे प्यार है!"

इसी समय सड़क के किनारे से मध्यम श्रेणी के बाबू की तरह जर्जर एक ठेला खड़खड़ाता हुआ उन कारों पर उपेक्षा की नजर डालता

चला गया। और बच्चों से लदी बबुआइन की तरह सवारियों से लदी मोटर लारी इस खुले प्यार पर धूल थूकती हुई निकल गई।

हरी और पीली कारें प्यार की बेखबरी में न जाने कितनी देर वहीं खड़ी रहीं। फिर दोनों के नयन उठे, मिले, लजाए और चमके। और दोनों हॉर्न की 'आह' छोड़कर विदा हो गईं।

पास ही खड़ी इमली ने आम से पूछा, "क्यों भाई, वह कौन-सा प्यार है, इस महीने का?"

आम ने जवाब दिया, "यह इक्कीसवाँ प्यार है। अभी चार दिन बकाया हैं, महीने के!"

*

माउंट रोड के दक्षिण सिरे पर के बँगले के सामने हरी कार रुकी और उसमें से उतरा सजीला युवक नरेन्द्रनाथ।

और माउंड रोड के उत्तर सिरे पर बँगले के सामने पीली कार रुकी तो उसमें से निकली महकती कीमती साड़ी में लिपटी युवती शीला।

एक दिन शाम के धुँधलके में उत्तरी सिरे के बँगले के सामने हरी कार रुकी और उसमें से एक जोड़ा निकला। वृक्षों की झुरमुट में प्रेम की छाप पड़ी। फिर दो कंठों से स्निग्ध स्वर निकले, "नमस्ते! टा-टा!" हरी कार झर्राकर चल दी। फिर सब शान्त।

बूढ़े आम ने घृणा से कहा, "बड़ा अनाचार होने लगा अब!"

नये अमरूद ने उद्धत भाव से गर्दन ऐंठकर कहा, "बूढ़े हो गए हो न! अरे बाबा, जवानी प्यार का मौसम ही है।"

*

नरेन्द्रनाथ का ड्राइवर दीनानाथ सत्ताईस-अट्ठाईस साल का नवयुवक था—नरेन्द्र से अधिक स्वस्थ और बलिष्ठ। हाल ही में उसने यहाँ यह नौकरी कर ली थी। वहीं बँगले के बरामदे में रहता था और काम करता था।

दीनानाथ रोज सबेरे दूध लेने 'डेरीफार्म' जाता था।

वहाँ जमना नाम की युवती नौकरानी से रोज उसका आमना-सामना होता।

रोज आमना-सामना होगा तो किसी दिन पहिचान का जन्मोत्सव भी मनाया ही जाएगा। और जो जनम गया, वह क्या बिना बढ़े रह सकता है?

तो दीनानाथ और जमना की भी पहिचान बढ़ गई।

और एक दिन भूरी भैंस के खूँटे के पास दीनानाथ ने जमना से कहा, "मुझे तुमसे प्यार है?"

लाज से सिकुड़कर जमना ने जवाब दिया, "मुझे भी तुमसे प्यार है।"

और न जाने क्या-क्या बातें होती रहीं! भूरी भैंस ही जाने! बात खत्म होने पर भूरी भैंस ने फुड़ककर कहा, "ठीक है, चलने दो!"

फिर दोनों के नयन उठे, नयन मिले, नयन चमके और दोनों काम पर चले गए।

*

एक दिन जमना ने दीनानाथ से पूछा, "तुम्हारा मालिक उस लड़की को बहुत प्यार करता है न?"

दीनानाथ बोला, "दिखता तो ऐसा ही है।"

जमना ने आशंकित होकर कहा, "इसका क्या मतलब? कहीं बेचारी को धोखा तो नहीं देता है?"

दीनानाथ ने कहा, "सच्चा प्यार काहे का है? मेरा मालिक कभी इस बँगले के सामने 'टा-टा' बोलता है; कभी उस बँगले के सामने। और वह लड़की भी पहिले उस सामने वाले बँगले के साहब को 'टा-टा' बोलती थी।"

जमना ने कहा, "तुम तो मुझे सच्चा प्यार करते हो न?"

दीनानाथ ने प्यार की गरमाहट से उत्तर दिया, "वाह, अब भी इसमें कोई शक है?"

जमना ने तनिक लजाकर पूछा, "अच्छा, यह तो बताओ, ये लोग कैसे प्यार करते हैं?"

दीनानाथ ने हँसकर कहा, "तू तो पगली है। अरी, दोनों मोटर में घूमते हैं, गाते-बजाते हैं, खाते-पीते हैं। मैं उस लड़की को बँगले से ले आता हूँ और फिर वापिस छोड़ आता हूँ।"

जमना ने कहा, "सुनो, तुम एक दिन मुझे भी मोटर में बिठा सकते हो? मैं कभी नहीं बैठी! एक दिन घुमाओगे?"

दीनानाथ ने कहा, "हाँ-हाँ, किसी भी दिन। यह कौन बड़ी बात है!"

जमना ने शंका से पूछा, "कहीं मालिक तुम्हें डाँटे तो?"

दीनानाथ के हृदय में प्यार हिलोरें लेने लगा था। प्यार वह तूफान है जिसके सामने बाधा-विघ्न उड़े-उड़े फिरते हैं। प्यार में हीनता का तिरोभाव हो जाता है। प्रेमी अपने को अजेय, सर्वोपरि मानता है। जमना ने जब उसकी क्षमता पर शंका की तो उसके प्यार ने विद्रोही स्वर में कहा, "काहे को डाँटेगा? मैं चाहे जहाँ मोटर ले जाऊँ, कभी कुछ नहीं कहता। और फिर मेरी मुट्ठी में उसकी सब बातें भी तो हैं।"

जमना ने आश्वस्त होकर कहा, "अच्छा, तो कब बिठाओगे मोटर में?"

दीनानाथ ने कहा, "कल ही। कल वे दोनों उसी लड़की की कार में घूमने जाने वाले हैं, कहीं दूर। बस, मैं मोटर ले आऊँगा। तू तैयार रहना, चार बजे शाम को। मैं हॉर्न बजाऊँगा, तो तू एकदम आकर बैठ जाना।"

जमना बोली, "अच्छा।"

वह चलने लगी तो दोनानाथ ने कहा, "लेकिन एक शर्त है। जब हम घूमकर लौटेंगे और मैं तुझे घर छोड़ूँगा तब तुझे 'टा-टा!' कहना पड़ेगा।"

जमना लजाकर बोली, "मुझसे कहते नहीं बनेगा। हम लोग भी क्या उनकी तरह नाटक करेंगे?"

दीनानाथ ने कहा, "इसमें नाटक काहे का? हम भी बिदा होंगे तो नमस्ते नहीं करेंगे?"

जमना ने मंजूर किया। बोली, "अच्छा।"

दूसरे दिन दीनानाथ ने जमना को हरी कार में खूब घुमाया। वह खूब तेजी से कार दौड़ाता और जब वह भयभीत होकर उससे चिपट जाती और धीमी रफ्तार करने के लिए अनुनय-विनय करती, तो दीनानाथ को उसकी प्रेम-कातरता में अपूर्व आनन्द मिलता। इस समय वह कार का स्वामी था। प्रेम के सामने भय, सन्देह, चिन्ता सबने हथियार डाल दिये थे।

जमना की झोंपड़ी के सामने कार खड़ी हुई। दोनों उतरे। दीनानाथ द्वार तक जमना को पहुँचाने गया। दीनानाथ ने कहा, "अच्छा, नमस्ते, टा-टा!"

जमना ने लजाकर कहा, "नमस्ते, टा-टा!"

इसी समय पीली कार मोड़ से आकर वहाँ रुकी। कार में से नरेन्द्र उतरा। कड़ककर दीनानाथ से पूछा, "क्यों बे, ये कौन थी? कमीनी औरतों को कार में बिठाकर घुमाता है?"

दीनानाथ लाल हो गया। जोर से जवाब दिया, "जबान सँभालकर बोलना। कमीनी होगी वह, जो कार में बैठी है।" उसका हाथ फड़क रहा था।

नरेन्द्र ने स्थिति की गम्भीरता समझकर नर्म होकर कहा, " अच्छा, बढ़ाओ गाड़ी।"

दीनानाथ ने गाड़ी स्टार्ट की।

दूसरे दिन दीनानाथ जमना के यहाँ आया। जमना बड़ी चिन्तित थी। आते ही पूछा, "कल फिर क्या हुआ?"

दीनानाथ ने कहा, "बँगले पर जाकर वह बकने लगा तो मैंने कहा, 'अगर जमना को गाली दोगे तो जबान खींच लूँगा। तुम्हारा नौकर मैं हूँ, वह नहीं है। और मैं भी काम की तनख्वाह लेता हूँ, खैरात नहीं लेता।'"

जमना ने पूछा, "फिर क्या हुआ?"

दीनानाथ ने कहा, "फिर? फिर क्या होगा?—नमस्ते! टा-टा! हो गया। बस!" वह खिलखिलाकर हँसा। फिर बोला, "अब नौकरी ढूँढ़ने निकला हूँ।"

नारी

वार्ड में नया डॉक्टर आया है। युवक है। तीस से उस पार नहीं होगा। स्वस्थ है। रंग साँवले से जरा आगे है! सुन्दर नहीं है। असुन्दर भी नहीं है। पर आकर्षक भी नहीं है।

वह आता है। हम मरीजों को देखता है। मुस्कराता नहीं है, चिढ़ जाता है। हमारी पूरी बात नहीं सुनता। अपनी बात नहीं कहता। एक की जाँच करता है। दूसरे को दवा लिख देता है। ड्यूटी का समय आठ बजे से है, वह नौ बजे आता है। काम को बोझ सरीखा ढोता दिखता है। उसके मुख पर आशा नहीं है। उत्साह नहीं। उल्लास नहीं। हमें डाँट देता है। हम दुबक जाते हैं। उसके इंजेक्शन बड़े चुभते हैं। ऊपरी मंजिल पर भी मरीज हैं। नर्स इंजेक्शन भर देती है, ऊपर के मरीज को देना है। वह बड़े बेमन से सीढ़ियाँ चढ़ता है। एक-एक सीढ़ी उसे पहाड़ लगती है।

वह वार्ड में आता है, जैसे कैदी जेलखाने में आता है।

अब वार्ड में एक नई नर्स आ गई है। शरीर तीस वर्ष का। रूप पच्चीस वर्ष का। चंचलता बीस वर्ष की। चितवन अठारह वर्ष की। मद

सोलह वर्ष का। भोली मुस्कान तेरह वर्ष की। और हृदय? सो तो वही जाने। वह मुस्कराकर बातें करती है—हमसे भी, डॉक्टर से भी। उसमें उत्साह है, फुर्ती है, माधुर्य है।

उसने इंजेक्शन भर दिया है। उसे डॉक्टर के हाथ में दे दिया। उसकी ओर देखा। अँगुली से उसकी कुहनी को छुआ। बोली, "जाओ, ऊपर इंजेक्शन लगा आओ।"

डॉक्टर मुस्कराया। दो-दो, तीन-तीन सीढ़ियों को फाँदता हुआ दौड़कर ऊपर चढ़ गया। बीच में साँस नहीं ली।

अब यह डॉक्टर बदल गया है। ड्यूटी आठ बजे से है। वह सात बजे आ जाता है। वह मुस्कराता आता है। गुनगुनाता आता है। झूमता आता है। हमसे अच्छा बोलता है। हमारी बात सुनता है। जाँच ध्यान से करता है। इंजेक्शन अब उतने नहीं चुभते। अब हम उससे डरते नहीं। वह हमें अच्छा लगता है। अब कुछ सुन्दर भी हो गया है। उसमें उल्लास आ गया। उत्साह आ गया। आशा आ गई। वह प्रसन्न रहता है।

वह वार्ड में आता है, जैसे कोई बगीचे में आता है।

नर्स इंजेक्शन भरती है। उसके हाथ में दे देती है। अँगुली से कुहनी छू देती है। कहती है, "जाओ।"

वह छलाँग मारता हुआ सीढ़ियों पर चढ़ जाता है।

एक दिन।

नर्स कुछ चिढ़ी-सी थी। एक मरीज से अशिष्टता से बोल पड़ी। बहस हो गई। बात बढ़ गई। परस्पर कटूक्तियाँ कही गईं। डॉक्टर आया। दोनों ने उससे शिकायत की।

डॉक्टर ने देखा। नर्स खड़ी थी। उसकी आँखों में देख रही थी। मुख पर क्रोध था। विवशता का भाव था। वह रुआँसी हो गई थी। फण

फटकार रही थी। नयनों में चुनौती थी—क्या तुम मेरी इज्जत बचा सकते हो? वैसे गलती उसी की थी।

वह नारी थी। नारी उसे चुनौती दे रही थी। नारी उसका सहारा चाह रही थी। नारी उसकी परीक्षा ले रही थी।

यह वही नारी थी। अभी हँसकर बोली थी। रोज हँसकर बोलती थी। अभी मुस्काई थी। रोज मुस्कराती थी। अभी स्नेह से देख रही थी। रोज स्नेह से देखती थी। पर गलती उसी की थी।

और वह पुरुष था। पुरुष नारी के सामने था। पुरुष अपने को वृक्ष मानता है। वह नारी को लता मानता है। वह नारी का सहारा बनना चाहता है। वह नारी के सामने हीनता स्वीकार नहीं करता। वह नारी की चुनौती पर प्राण देता है। डॉक्टर नारी को सहारा देगा। वह उसकी इज्जत बचाएगा। फिर यह नारी तो—उसे याद आया—हँसी, चिकनी चितवन, कुहनी का स्पर्श, हाथ में इंजेक्शन, "जाओ, ऊपर इंजेक्शन दे आओ।" वह मरीज पर क्रोधित हुआ। वैसे गलती नर्स की थी।

डॉक्टर ने मरीज को डाँटा। मरीज ने जवाब दिया। डॉक्टर ने गाली दी। मरीज ने भी गाली दी।

नर्स ने डॉक्टर को देखा, "अब जरा अपनी ही इज्जत बचा लो।"

डॉक्टर उबल पड़ा। मरीज का हाथ पकड़ा। धक्का दिया। चिल्लाया, "निकल जा बदतमीज यहाँ से!" फिर नर्स की ओर देखा। अपने पौरुष की मान्यता माँगी। उसे मिली। वह मुस्कराई।

पर मरीज निकल गया। वह सिविल सर्जन के पास गया। सिविल सर्जन आया। पूछताछ शुरू हुई।

डॉक्टर हीनता स्वीकार नहीं करेगा। अभी उसने शक्ति और साहस का परिचय दिया था। अभी उसने स्नेह का निर्वाह किया था। अब वह झुकेगा नहीं। वह बोला, "या तो यह मरीज रहेगा, या मैं रहूँगा।"

सिविल सर्जन बोला, "अस्पताल मरीजों के लिए है; डॉक्टरों के लिए नहीं।"

"तो मेरा इस्तीफा।"

"लाओ!"

डॉक्टर ने इस्तीफा दे दिया। दूसरा डॉक्टर आया। उसने चार्ज ले लिया।

पहिला डॉक्टर गर्व से बाहर चल दिया।

फाटक पर रुका। उसे याद आया। वह बरसाती भूल आया है। वह लौटा। वार्ड के दरवाजे के सामने आया। भीतर देखा। दूसरा डॉक्टर खड़ा है। नर्स ने इंजेक्शन भर दिया है। वह मुस्कराई। डॉक्टर की कुहनी को अँगुली से स्पर्श कर दिया। बोली, "ऊपर दे आओ नं. 20 को।"

रामदास

आँधी से उड़कर एक जगह का बीज दूसरी जगह जा पड़ता है। वहीं उसमें पीका फूटता है, वह पौधा बनता है, बढ़ता है, फलता है, फूलता है। यह रामदास भी मुसीबत की आँधी से उड़कर कहीं से आ पड़ा है। लेकिन ऐसा कहाँ होता है कि पौधा हर जमीन में फले-फूले? हमारे रामदास को भी यहाँ की जमीन कुछ अनुकूल नहीं पड़ी। यहाँ भी वह जी रहा है—बस। वैसे तो 'गाँव का जोगी जोगिया आन गाँव में सिद्ध' हो जाता है; पर यह रामदास गाँव में भी जोगिया था और वहाँ भी जोगिया ही रह गया। जोगिया से सिद्ध तक का जो रास्ता है, वह छल, कपट, प्रपंच और पाखंड के बीहड़ वन में से गुजरता है। और रामदास को इस वन से बड़ा भय लगता है। इसे तो ईमानदारी की बीमारी लग गई है। बड़ा खराब रोग है। तभी तो वह सूखा-सूखा, दुबला-पतला है।

बाजार के चौराहे पर, एक इमारत के दूसरे मंजिल पर एक अखबार का दफ्तर है। एक नाटे से आदमी को सफेद हाफ पैंट पहने आप अगर इस दफ्तर की सीढ़ियों पर चढ़ते-उतरते देखें तो समझ लीजिए कि वह

रामदास है। और अगर निश्चय करना हो तो जब वह सीढ़ियों से नीचे उतरे तो उससे पूछिए, 'आनन्द जी हैं?' अगर वह 'जरा ठहरिए, सोच लेने दीजिए' कहकर अपने सिर पर एक अँगुली से ठोकर मारे और नीचे देखते हुए क्षण भर सोचकर जवाब दे, 'हाँ, ठीक हैं' या 'हाँ, ठीक है, नहीं हैं', तो यह पक्का है कि वह रामदास ही है।

हर बात को इतना सोचकर बोलने वाला इस शहर में दूसरा आदमी नहीं है। वह नगर का सबसे बड़ा विचारक है।

बड़ी खुरदरी खादी की कमीज और उसी का हाफ पैंट, यही रामदास की पोशाक है—हर मौसम में, हर जगह, हर समय। अब यह मोटी खादी समय से रगड़ खाते-खाते छनकर कबीर की 'झीनी चदरिया'-सी हो गई है। कमीज और पैंट में जगह-जगह लटें लटकने लगी हैं, मानो गरीबी ने झालर डाल दी हो! हर दूसरे-तीसरे दिन वह दफ्तर के दरवाजे बन्द करके कपड़ों को धोकर सुखा लेता है।

अभी तक पैंतीस पतझरों को परास्त कर चुका है। 'यौवन नृपति प्रवीन' की कमजोरी देखकर बुढ़ापे ने अपने गुप्तचर, सफेद बाल, इसके यौवन के राज्य में भेज दिये हैं, जो एक-एक काले बाल को फुसलाकर विद्रोह करवा रहे हैं। लम्बी नुकीली नाक है। आँखें बड़ी-बड़ी, जिनमें दार्शनिक-सी गम्भीरता है। चेहरा लम्बा है और सुडौल, पर झुर्रियों से भरा हुआ। वर्ण कभी गोरा रहा होगा, पर अब तो उस पर मुसीबत का रंग चढ़ गया है। इसे देखकर बुलन्द इमारत का खँडहर भी नहीं कह सकते। खँडहर में कुछ ऐसी बात होती है, जो इमारत की बुलन्दगी का संकेत कर सके। रामदास की जिन्दगी की इमारत ऐसी है जिसका ईंट, गारा, चूना बीच में ही समाप्त हो गया हो और वह अधबनी ही पड़ी हो! वह उस पौधे जैसा है जो थोड़ा बढ़ते ही ढाँक दिया जाए, जिसे खुली हवा और रोशनी न मिले। वह बढ़ता तो

है, पर कैसा पीला-पीला मरियल-सा मानो उसकी खुलकर बढ़ने की उमंग पूरी न हो पाई हो!

यह रामदास सोचता ही रहता है। न जाने क्या सोचता है? खाते-खाते सोचता है, चलते-चलते सोचता है, बैठे-बैठे सोचता है। बाजार की चहल-पहल के बीच भी वह अपने आस-पास से बिलकुल बेखबर जमीन देखता हुआ विचार में डूबा चला जाता है। इतने धीरे-धीरे चलता है, इतनी सावधानी से कदम रखता है कि लगता है, इसके पास यह हिसाब भी होगा कि अब तक वह कितने कदम चल चुका होगा। वह बिना सोचे-विचारे कुछ कहता ही नहीं; कुछ करता ही नहीं। मुझे कभी बाजार में मिल जाता है, और मैं कहता हूँ, "रामदास, चाय पी लो।" वह माथा ऊँचा करके देखेगा, कहेगा, "अयँ?", फिर क्षण भर सोचकर बोलेगा, "अच्छा।" आप पूछिए, "रामदास, कहाँ जा रहे हो?" तो सिर ऊँचा करके यह कहेगा, "अयँ?", इसके बाद क्षण भर सोचकर बोलेगा, "हाँ, याद आया, पोस्ट ऑफिस जा रहा हूँ।" वह संत की तरह हर शब्द सावधानी से सँभालकर बोलता है क्योंकि संत जानता है कि उसकी वाणी पर कितनी ही पीढ़ियों के बनने-बिगड़ने की जिम्मेदारी है।

कभी-कभी वह मुझे सदर की सूनी सड़क पर रात को दस-ग्यारह बजे घूमता मिल जाता है—निपट अकेला, धीरे-धीरे पास-पास कदम रखता हुआ। जमीन को देखता हुआ चला जाता है। न जाने कहाँ? आस-पास के वृक्ष, बगीचे, बँगले—सब उसके लिए जैसे निरर्थक हों! सम्पूर्ण प्रकृति का मानो उसके लिए कोई अस्तित्व ही नहीं। वह अपने-आपमें पूर्ण है। उस समय वह स्थितप्रज्ञ-सा लगता है। मैं पूछता हूँ, "रामदास, कहाँ चल दिये?" वह चौंककर ऊपर देखता है, फिर मुस्कराकर कहता है, "मास्टर साहब, नमस्ते!" मैं प्रश्न दुहराता हूँ

तो वह जबाब देता है, "दोस्त-भाई के यहाँ जा रहा हूँ।" और चल देता है। प्रश्नोत्तर का यही बँधा क्रम वर्षों से चल रहा है। वह इससे अधिक नहीं बोलता। उसने मुझसे आज तक नहीं पूछा कि मैं कहाँ जा रहा हूँ। उसे किसी के आने-जाने से कोई मतलब नहीं। कौन उसका दोस्त-भाई है, यह मैं आज तक नहीं जान पाया। सोचकर सन्तोष पा लेता हूँ कि कोई प्राणी इस शहर में है जिसे वह अपना मानता है, जिससे नपी-तुली बात न करता होगा, जिसके सामने शायद हृदय खोलकर रख देता हो!

तीन सालों से जानता हूँ इस रामदास को। आनन्द जी मेरे मित्र हैं। वे एक अखबार के सम्पादक हैं। रामदास उन्हीं के दफ्तर में काम करता है। डाक लाता—ले जाता है, दफ्तर झाड़ता है, रखवाली करता है और दूसरे छोटे-मोटे काम करता है। इसे शायद चालीस रुपये माहवार मिलता है। आनन्द जी का कहना है कि उन्हें वर्षों बाद यह ईमानदार आदमी मिला है। उनका खयाल है कि ईमानदारी इसका गुण न होकर, असमर्थता है। बेईमानी के लिए आवश्यक चतुरता उसमें है ही नहीं।

रामदास भोजन नहीं करता, यानी उस अर्थ में जिसमें हम सामान्यतः भोजन करते हैं। फिर यह जीता कैसे है? दफ्तर के नीचे एक होटल है जिसमें वह चाय पी लेता है और एक-दो आने का नमकीन खा लेता है। यही उसका भोजन है। आनन्द जी के दफ्तर में किसी आगन्तुक के लिए यदि चाय और नमकीन आता है, तो उसमें से भी वह कुछ पा जाता है। सप्ताह में एक-दो बार आनन्द जी के यहाँ खाना खा लेता है। वर्षों से वह इसी तरह जी रहा है। लेकिन रामदास अपने को किसी से हीन नहीं समझता। उसके आत्मसम्मान का झंडा कभी झुकता नहीं। मेरी दी हुई चाय पी लेता है, यह उसकी मेहरबानी है। वह मुझ पर

अनुग्रह करता है; मुझे गौरवान्वित ही करता है। शहर में यदि फैला दूँ, तो इस खबर से यशवृद्धि हो सकती है कि रामदास मेरी चाय पी लेता है। वरना वह कितने लोगों को 'नहीं' कहकर टाल देता है। वह किसी की कृपा स्वीकार नहीं करता। मुझे भी वह बदला देना नहीं भूलता। अगर आमना-सामना हो जाए, और संयोगवश मैं उसे न देख पाऊँ, तो कभी वही कह देता है, "मास्टर साहब, चाय पी लीजिए।" तब यदि मैं इस उलझन में पड़ जाऊँ कि इस गरीब से दो आने क्यों खर्च कराऊँ तो उसे बुरा लगता है। इसलिए मुझे तुरन्त स्वीकार करना पड़ता है। इस स्थिति से बचने के लिए मैं दूर से ही उसे देखकर चिल्ला देता हूँ, "रामदास, चाय पी लो।" कोशिश करता हूँ कि मैं ही उसे पहले देखूँ। वह मुझे पहले न देख पाए।

हम सब लोगों को वह अपनी बराबरी का मानता है—अपने से बड़ा नहीं। अपने मालिक आनन्द जी से भी वह बराबरी का व्यवहार करता है। हँसी की बात पर वह आनन्द जी के हाथ पर हाथ मारकर अट्टहास भी करता है।

पर रामदास अपने विचारों में ही इतना डूबा रहता है कि बाकी बहुत कुछ भूल-सा जाता है—उस आत्मज्ञानी संत-सा, जो आठों प्रहर चिन्तन में इतना रत रहता है कि यह जगत उसे विस्मृत हो जाता है। कभी आनन्द जी मोहन बाबू को बुलाने भेजते हैं, तो वह सोहन बाबू को बुला लाता है। और जब उसे भूल बतलाई जाती है, तो वह एकदम आँखें बन्द करके कहता है, "ठहरिए, जरा सोच लेने दीजिए।" फिर अँगुली से सिर पर ठोकर मारकर सोचेगा, तब कहेगा, "हाँ, याद आया, गलती हो गई, खैर!" और तुरन्त मोहन बाबू को बुलाने चल देगा। कई बार वह बाजार से आलू के बदले करेला, पान के बदले सिगरेट और लौंग के बदले इलायची ले आया है।

एक दिन आनन्द जी ने उसे कुछ लिफाफे टिकिट लगाकर, डाक में छोड़ आने के लिए दिये। वापिस आया तो आनन्द जी ने देखा कि रुपये में से पैसे कुछ अधिक बच गए हैं। वे बोले, "कम टिकिट लगा आए रामदास।" दरवाजे पर खड़े होकर उसने सिर पर ठोकर मारकर विचार को जाग्रत किया। थोड़ी देर बाद सोचकर बोला, "नहीं, ठीक है। पहिले समझ लीजिए।" उसके मुख पर निश्चयात्मक दृढ़ता आ गई थी। फिर वह समझाने लगा कि किस लिफाफे पर कितनी टिकटें लगाई थीं। समझाते-समझाते जब उसे खुद समझ में आ गया कि उसी की भूल है, तो झट बोला, "हाँ, याद आया। गलती हो गई। खैर।" बस, यह लम्बी 'खैर' उसकी हर गलती की क्षमा-याचना है। इससे अधिक वह कुछ नहीं कहता।

रामदास कहाँ से आया है? उसके बाल-बच्चे हैं या नहीं? वह अभी तक क्या करता था? कहाँ रहा?—ये सब बातें बहुत कम लोग जानते हैं। वह अपनी जिन्दगी की किताब को बड़ी सावधानी से बन्द करके रखता है कि कहीं कोई पृष्ठ उलट न जाए और कोई पढ़ न ले।

एक दिन मैंने पूछा, "रामदास, तुम कहाँ के रहने वाले हो?" उसने उत्तर दिया, "कानपुर का।" मैंने पूछा, "तुम्हारे बाल-बच्चे हैं?" उसने जवाब दिया, "हाँ, हैं। स्त्री है, तीन बच्चे हैं।" मैंने देखा, उसकी आँखों की वेदना कुछ गहरी होती जाती थी। उसका मुख कुछ अधिक लटक गया था। गला भी उसका कुछ भर्रा गया। पर मेरी उत्सुकता का अन्त नहीं था। मैंने फिर उसकी पीड़ा को कुरेदा। पूछा, "उनकी गुजर कैसे होती होगी? किसके पास रहते हैं वे?" उसने उसी गम्भीर वेदना के साथ कहा, "पास तो कोई नहीं है। कुछ रुपये भेज देता हूँ। कुछ वहीं हो जाता है।"

मुझे लगा कि यह बड़ा अप्रिय प्रसंग छिड़ गया। वह एक अभाव-जनित पीड़ा को कहीं हृदय के किसी कोने में छिपाए था, वह अब

उभर आई थी। वह अन्यमनस्क हो गया था। एक क्षण में ही जैसे वह वहाँ नहीं रहा, कानपुर चला गया। पर मुझ जैसे बकवादी लोग कहीं किसी को शान्त रहने देते हैं! मैंने पूछा, "उन्हें यहाँ नहीं ले आओगे?" उसका मुख आशा की दीप्ति से चमक उठा। वह उस समय दस वर्ष छोटा लगा। आँखों में अधिक उल्लास भरकर वह बोला, "अच्छा-सा मकान मिल जाए तो ले आऊँ।" पर यह वाक्य कहते ही उसके मुख पर उसी गम्भीर वेदना का रंग आ गया। मैं बहुधा उससे पूछ बैठता, "रामदास, अब बच्चों को कब लाओगे?" और वह उसी प्रकार आशा से जगमगाकर बोलता, "अच्छा-सा मकान मिल जाए तो ले आऊँ।" वाक्य समाप्त करते ही वह फिर उदास हो जाता, जैसे उसका मिला-मिलाया मकान छूट गया हो!

तीन साल से यही पूछ रहा हूँ, और वह यही उत्तर दे रहा है। अच्छे-से मकान तो शहर में बहुत हैं, पर इसके योग्य शायद उनमें कोई नहीं है। और यदि उन स्त्री-बच्चों को वह ले भी आवे, तो खिलाएगा क्या? पर आशा के छोर को वह खूब कसकर पकड़े है। नये काम ढूँढ़ता है, आमदनी के नये जरिये खोजता है, पर हर जगह उसकी ईमानदारी और दार्शनिक बेखबरी बाधा देती है। तीन-चार सालों से वह घर नहीं गया है। उसके वे स्त्री-बच्चे समस्त अभावों और विपदाओं के बीच जिन्दगी को इसलिए घसीट रहे होंगे कि कभी परदेशी आवेगा, और बहुत-से पैसे लावेगा। गरीबी के विस्तार का पार नहीं। रामदास और उसके स्त्री-बच्चों के बीच जैसे गरीबी की गहरी नदी बह रही है और वे मिल नहीं सकते। स्त्री-बच्चों का इतने दिनों का विछोह क्या होता है, यह स्वानुभव से नहीं जानता। पर मुझे ठीक याद है कि बचपन में जब छुट्टियों में माता-पिता के पास गाँव में रहकर शहर पढ़ने आने लगता, तो माता-पिता की आँखों से आँसू झरने लगते। मैं साल में तीन-चार

बार घर हो आता था। यह चार साल में एक बार भी नहीं गया। कैसी मजबूरी है कि पिता बच्चों से न मिल सके, पत्नी पति से नहीं मिल सके? कुछ होते हैं जो दुख भी सुविधा से मनाते हैं, जिनका विछोह भी अजब रंगीनियों से भरा होता है, जिनका दुख भी एक त्योहार हो जाता है। पर जैसा यह गरीब, वैसा इस गरीब का दुख।

एक दिन वह मुझे बहुत उदास दिखा। मैंने पूछा, "रामदास, आज बहुत उदास दिख रहे हो? घर पर तो सब ठीक है न?" उसने एक गहरी साँस छोड़ी और बोला, "बड़ा लड़का नहीं रहा। घर से चिट्ठी आई है।" वह आसमान की ओर शून्य में देखने लगा। हृदय की वेदना मुख से चीख बनकर न निकल पड़े, इसलिए उसने ओठों को दाँतों से दबा लिया। पर पलकों में यह सामर्थ्य कहाँ, कि आँसुओं को रोक सके! उसके नयनों से आँसू झरकर नाक को भिगोते हुए ओठ तक बहने लगे और उसकी साँस जोर से चलने लगी।

मैं बड़ी देर तक स्तब्ध बैठा रहा। मुझे उस समय लगा कि दुख जाहिर करने के जितने उत्तम तरीके हैं, जितने सुन्दर वाक्य और शब्द हैं, वे सब झूठे हैं। वे सब दुख के उत्सव के काम आने वाले हैं। इस गरीब के सच्चे दुख के सामने मेरी परिष्कृत समृद्ध वाणी नितान्त रंक है। चुप नहीं रहा गया तो मैंने कहा, "तुम घर जाओगे न?" उसने आँसू पोंछते-पोंछते बड़े तटस्थ भाव से कहा, "अब जाने से क्या फायदा?" मैं समझ गया कि वह जानता है कि जाने से क्या फायदा है? वह जानता है कि जिस स्त्री का बेटा मर गया है, उसे पति का सहारा चाहिए। वह जानता है कि उसकी बिलखती पत्नी और चीखते बच्चों के बीच उसे होना चाहिए। पर वह मजबूर था।

मैं उठा। उठने से पहले कुछ और कहना जरूरी मालूम हुआ। मेरे पास तो अब कुल वही पूँजी बची थी। 'तो बच्चों को ले आओ न

रामदास?' उसका मुख एक क्षण में जैसे विद्युत-प्रभाव से चमक उठा। आँखों में आशा की किरण फूट पड़ी। वह उसी प्रकार विश्वास से बोला, "अच्छा-सा मकान मिल जाए तो ले आऊँ।" पर उसे अभी तक अच्छा-सा मकान नहीं मिला। उसे शायद कभी भी अच्छा-सा मकान नहीं मिलेगा। और वह यहीं बैठा-बैठा कानपुर से चिट्ठियाँ पाता रहेगा कि अब दूसरा लड़का नहीं रहा, अब लड़की भी नहीं रही, और अब स्त्री भी नहीं रही।

एक घंटे का साथ

सुबह का वक्त। रेलवे प्लटफार्म की घड़ी के मुख पर मुहकमे की कार्य-कुशलता का प्रमाण-पत्र, सफेद कागज चिपका है। बन्द है। एक आदमी अभी कहता निकल गया था—'साली, एक हफ्ते से बिगड़ी है।' इस एटम युग में 150 करोड़ के बजट वाले मुहकमे की घड़ी को सुधारने की सुविधा एक सप्ताह तक नहीं जुट पाती। महान देश है। उत्तर में संसार का सबसे ऊँचा पर्वत हिमालय गर्दन ताने जो खड़ा है! और हाथ में? एक बार कभी घड़ी बाँधी थी। पर वह एक दिन विधवा की चूड़ी की तरह झड़ गई। तब से 'हाथ खाली' ही है।

लेकिन तार-घर की मैली खिड़कियों से सूरज झाँकने लगा। उसकी एक छनी किरण आलसी घड़ी के मुख पर थप्पड़ जमा रही है।

रात को तीन-चार घंटे पानी बरसा था। कहीं-कहीं गड्ढ़ों में अभी भी पानी भरा है, जैसे हठी लड़का बहुत रोकर भी माँ-बाप का ध्यान न खींच सके, तो आँसुओं की अन्तिम एक-दो बूँदें पलकों में इस आशा से सप्रयास अटकाए रहता है कि शायद अब नजर पड़े।

भीड़ कम है। पर वे चार-छह तरुण बराबर घूम रहे हैं, जो अपनी एकमात्र पोशाक को रोज धोकर, हर गाड़ी पर नियमित रूप से गतिवान सौन्दर्य को निहारने आ पहुँचते हैं।

चहलकदमी करके 'लेट' आने वाली गाड़ी के नाज उठा रहा हूँ। सामने परिचित चाल, फिर परिचित वस्त्र, और अब तो यह परिचित मुख! वह मेरे नजदीक आ गया है। वही खादी के कुरता-पाजामा, वैसे ही रूखे बाल, उनसे भी रूखा चेहरा, नंगे पाँव, आँखों में निराशा का नशा, मुख पर परेशानी की रेखाएँ।

मैंने पूछा, "क्यों, इतने सबेरे कैसे आए? क्या कहीं जा रहे हो? किसी को पहुँचाने आए हो?"

खूब देर से उठने की जिसने बरसों से ख्याति फैला ली है, वह इस समय, इस हालत में सामने खड़ा है। अचरज की बात तो है ही। उसने एक बार मेरी ओर देखा, फिर छत और आकाश की सीमान्त रेखा पर नज़र गड़ाकर मेरे प्रश्नों को अभिनय की वाणी में दुहराने लगा, जैसे आकाश-भाषित सुन रहा हो या अपने ही मुख से सुने बिना उसे मेरे प्रश्नों पर भरोसा नहीं होगा। कहने लगा, "हूँ! इतने सबेरे कैसे आए? क्या कहीं जा रहे हो? किसी को पहुँचाने आए हो? इतने सारे प्रश्न पूछने का अधिकार-पत्र मैंने कभी आपको नहीं दिया!"

उसकी गर्दन फूल गई—ठीक तोते जैसी, जब वह बिल्ली को देखता है। नाक भी उसकी फूल गई और चिबुक लगभग वक्ष से लग गई जिससे उसकी गर्दन बिलकुल गालों की ऊँचाई पर पहुँच गई। उसकी आँखों में रोष और दर्प के भाव बहुत स्पष्ट।

तीन-चार सालों से जानता हूँ इसे। कुछ लोग हम दोनों को मित्र समझते हैं। कुछ कहते हैं, हम शत्रु हैं। वह स्वयं आज मित्र है, तो कल

शत्रु। महीनों मेरे साथ मेरे मकान में रहा है, और फिर महीनों मुझे गाली देता फिरा है। कोई मेरी प्रशंसा करता है, तो वह निन्दा करने लगता है। और कोई मेरी निन्दा करता है, तो वह मेरा पक्ष लेकर मार-पीट तक करने को उतारू हो जाता है।

मैंने कहा, "फिर भी जब हम लोग मिल गए हैं, तो कुछ बात करनी ही पड़ेगी।"

वह उसी भाव से बोला, "हाँ, बात तो करनी ही पड़ेगी, क्योंकि हम कुत्ते या बिल्ली नहीं हैं, मनुष्य हैं। और यही मजबूरी है। तो सुनिए, I am going to the end of the world (मैं दुनिया के छोर तक जा रहा हूँ)।" उसकी आँखों में बड़ी वेदना और निराशा आ गई।

मैंने वातावरण को हलका करने के लिए कहा, "लेकिन गाड़ी तो नागपुर तक ही ले जाएगी!"

वह खिन्न हँसी हँसकर बोला, "गाड़ी के ऊपर बैठूँगा तो नागपुर ले जावेगी। और अगर गाड़ी के नीचे बैठा तो दुनिया के अन्त तक नहीं ले जावेगी?"

उसने फिर एक गहरी साँस छोड़कर वातावरण को निराशा से भर दिया है। दृष्टि उसकी अब फिर छत और आकाश की सीमान्त रेखा पर अटक गई। दृष्टि का शून्य जैसे महाशून्य में मिलाने से उसे चैन मिल रही है। आज वह बहुत निराश है। दुनिया से जाने की बात आज तक उसने नहीं कही थी।

मैंने कहा, "चाय पियोगे?"

वह बोला, "हाँ, जरूर पीऊँगा। आपकी कृपा है। कृपा तो आप लोग करते ही रहते हैं। कृपा करना तो आप लोगों का शौक है, Luxury है। भला हम गरीब आप लोगों के शौक में बाधक बनने की हिम्मत कैसे कर सकते हैं?"

‘आप लोग’ और ‘हम लोग’—ये दो वर्ग उसने स्पष्ट कर लिये हैं। मेरी नौकरी लगी है। मुझे हर महीने कुछ रुपये मिल जाते हैं, इसलिए मैं ‘आप लोग’ में शामिल हूँ। उसके पास नौकरी नहीं है, उसे हर महीने नियमित रूप से रुपये नहीं मिलते, इसलिए वह ‘हम लोग’ में शामिल है। इस प्रकार के वर्ग-भेद पर आधारित वर्ग-चेतना उसमें हर क्षण जागृत रहती है।

मैं अब उसे चाय की दुकान पर ले आया हूँ। कप सामने आ गए हैं। वह चाय को गौर से देखकर दुकानदार से बोला, “भाई, चाय में कम-से-कम दूध की सुगन्ध तो दी होती! इतना निर्मल जल! इतना शुद्ध सत्य न बाँटा करो दुनिया को!” फिर मेरी ओर देखकर बोला, “क्या आपकी कृपा की डोर में फँसकर एकाध बिस्किट मेरे पास तक नहीं आ सकता?”

मैंने दो बिस्किट बुला दिये हैं।

गाड़ी अब सिग्नल पर आ गई है। वह अन्तिम घूँट ले रहा है। मैंने कहा, “जल्दी करो। बहिन को गाड़ी पर बिठाना है।”

वह बोला, “बहिन इस गाड़ी से जा रही हैं? चलो।”

अब मेरा कुछ काम नहीं रह गया। उसने सामान और बच्चे—सब गाड़ी में चढ़ा दिये। मैंने बहिन के चरण छुए। उसने भी चरण-स्पर्श किया और उसकी आँखों से आँसू झरने लगे। मुसीबतों को तो उसने पालतू पशु की तरह पाल रखा था। पर स्नेह और सहानुभूति के सामने उसका हृदय द्रवित हो गया।

मैंने उसका हाथ पकड़कर कहा, “चलो, चलें।”

वह बोला, “कहाँ चलूँ? मेरे लिए कहीं जगह है?”

मैंने कहा, “मेरे साथ चलो।”

उसके उत्तर की प्रतीक्षा किये बिना मैं उसे सड़क पर खींच लाया हूँ। मैंने उससे कहा, “आखिर तुम आत्महत्या क्यों करना चाहते हो?”

वह तपाक से बोला, "इसलिए कि और कुछ करने को नहीं है।" फिर दोनों हाथों से अभिनय करते हुए बोला, "खूब अँधेरी रात है। तुम एक गहरी खाई की कगार पर खड़े हो। तुम्हारे पीछे एक भयंकर शेर खड़ा है। तुम्हारी जेब में सिर्फ एक जहर की पुड़िया है। तुम क्या करोगे?"

मैंने हँसकर कहा, "मैं पहिले शेर को जहर खिला दूँगा। जब वह मर जाएगा, तब मैं घर लौट आऊँगा।"

वह भी खिलखिलाकर हँस दिया। फिर एकदम गम्भीर हो गया। कहने लगा, "तुम बदमाश हो। झूठ बोलते हो। अरे, तुम जहर खा लोगे! सबसे कम कष्टकर तुम्हारे लिए यही होगा। मैं भी सबसे कम कष्टकर मार्ग अपना रहा हूँ। जीवन बहुत लुभावना है। पर जब जीना मरने से अधिक कष्टकर हो जाए, तो मरने को ही सच्चा जीवन मान लेना चाहिए।"

अब हम दोनों सड़क पर मौन चल रहे हैं। वह एम.ए. पास है। अंग्रेजी, हिन्दी और राजनीति का विद्वान है। पहले होटलों में बैठकर घंटों मार्क्सवाद की व्याख्या करता था। स्वभाव से खूब मस्त और अल्हड़। खूब स्वस्थ, खूब सुडौल। अपनी लम्बी नुकीली नाक पर अँगुली फेरकर पूछता था, "Have you seen a Roman nose?"

सब लोग मजा लेते थे।

लेकिन उसे नौकरी अच्छी नहीं मिली। अपनी विद्या-बुद्धि के योग्य उसे काम नहीं मिला। मालिक लोग आदमी के व्यक्तित्व को कागज की पुड़िया की तरह जेब में रख लेना चाहते हैं। इसका व्यक्तित्व जरा कड़ा कागज था। पुड़िया बनती नहीं थी। और कौआ अगर न्यायाधिकार लेकर बैठ जाए तो हर उज्ज्वल हंस को कोढ़ी कहकर तिरस्कृत करे। मालिकों ने इसके साथ ऐसा ही किया। जगह-जगह से तिरस्कृत हुआ।

उसे अपनी योग्यता का मूल्य नहीं मिला। निपट मूर्खों को उसने ऊँचे आसन पर प्रतिष्ठित देखा।

परिणाम—वह बदल गया। अब वह विचित्र हो गया है। पर कितने लोग जानते हैं कि अपने-आपको खोकर उसने यह वैचित्र्य अर्जित किया है? अब उसे हर आदमी से शिकायत है। उसे लगता है कि हर आदमी उसका दुश्मन है। उसकी आस्था टूट रही है। कोई हँसता है, तो वह सोचता है, यह मेरा उपहास कर रहा है। गम्भीर रहता है, तो यह कि मुझे देखकर मुँह फुला लेता है। कोई नमस्कार करता है, तो सोचता है, व्यंग्य करता है। बिना नमस्कार किये निकल जाता है, तो यह कि घमंड करता है। कोई उसे नाश्ता कराता है तो सोचता है कि यह अपनी सम्पन्नता का ढोल पीटता है। नाश्ता नहीं कराता है, तो यह कि घोर स्वार्थी है। प्रेम प्रगट करने पर चिढ़ता है, सहानुभूति पर खीझ उठता है।

अब उसकी बात पर लोग हँसते हैं। वह मनोरंजन का साधन भी बन जाता है। पहिले दार्शनिक मस्ती के साथ जब घूमता था और अपनी तीखी उक्तियों से लोगों के पाखंड उघाड़ता था, तब ऐसा लगता था, जैसे एथेंस की सड़कों पर सुकरात घूम रहा है! अब उसे लोग टालते हैं।

बहुत देर से हम लोग मौन चल रहे हैं। मैंने मौन भंग किया, "तुमने म्यूनिसिपैलटी की नौकरी क्यों छोड़ दी?" वह जैसे नींद से जागा। अपने समस्त शरीर को आन्दोलित करके बोला, "बात यह थी कि उस संस्था में दो दल हैं। सुभीते के लिए, एक को 'कुत्ता पार्टी' कहो और दूसरे को 'गधा पार्टी'। मुझे कुत्ता पार्टी ने नियुक्त कराया था, इसलिए वे कहने लगे कि तुम हमारे आदमी हो, हमारा माल शहर में बिना चुंगी के आने दो। मैंने नहीं आने दिया। बस, वे सब लगे भौंकने। इधर गधा पार्टी ने कहा कि यह तो विरोधी दल का आदमी है। बस, वे

लगे दुलत्ती झाड़ने। एक तरफ से कुत्तों का भौंकना और दूसरी तरफ से गधों की दुलत्ती—आदमी भाग निकला।"

अब वह अन्यमनस्क हो गया है। मैंने पूछा, "फिर तुम मारे-मारे क्यों फिरते हो? तुम्हारे भाई हैं, माता-पिता हैं; बहिनें हैं—क्या वे तुम्हें प्रेम और सम्मान से नहीं रख सकते?"

उसने कहा, "तुम गलत सोचते हो। मेरी क्रय-शक्ति इस समय शून्य पर है। प्रेम खरीद नहीं सकता। लेकिन आसमान और जमीन सरीखे कोई उदार नहीं है। न ऊपर से आसमान की छाया हटती है, और न नीचे से जमीन खिसकती है।"

वह अब बहुत उदास हो गया है। सामने से निकलने वाले मोटर, रिक्शा, ताँगा आदि को देखता है, और कुछ अस्पष्ट कहता जाता है। सामने से सैकड़ों आदमी फौजी सामान के कारखाने में काम करने जा रहे हैं। मेरा साथी उन्हें देखकर बोला, "जानते हो, यह सब कहाँ जा रहे हैं? ये फौजी कारखानों में काम करने जा रहे हैं। वहाँ आदमी को मारने के लिए गोला-बारूद बनता है। ये दिन भर आदमी को मारने का सामान बनाते हैं। आज आदमी को मारकर आदमी को पेट भरना पड़ता है। कैसी निकृष्ट जीविका है! सब मौत का व्यवसाय है।"

उसने अपनी जेब से एक टूटी बीड़ी निकाली और एक राहगीर से माचिस माँगकर उसे जला ली। धुआँ छोड़ता हुआ वह अब मस्ती से चल रहा है। मेरे परिचित अब राह में मिलने लगे हैं। उनसे नमस्कार का आदान-प्रदान करता हुआ मैं चल रहा हूँ। ज्योंही किसी से मेरी नमस्कार होती है, वह बड़े गौर से उसे देखता है। उसके मुख पर घृणा का भाव खेल जाता है और वह बड़े दबे, पर गहरे स्वर में 'हूँ' कहकर अपनी खीझ जाहिर करता है। उसे हँसता-खेलता आदमी देखकर बड़ा कष्ट होता है। वह जैसे खुशी को सह नहीं सकता।

फिर भी, कभी-कभी वह छोटे बच्चों के साथ घंटों आँख-मिचौनी भी खेल लेता है।

एक परिचित सज्जन रुक गए हैं। सहज ही मेरे साथी से पूछ बैठे, "कहिए, आपके क्या हाल हैं?"

साथी के भीतर जैसे बहुत देर से सूखी बारूद भरी थी, इस चिनगारी से फूट पड़ी। बड़ी देर से वह 'हूँ-हूँ' शब्द निकालकर गुर्रा रहा है, किसी पर तो उसका क्रोध उतरना ही है। ये सज्जन ही बेचारे फँस गए। वह गुस्से में बोला, "आपको क्या मतलब? इतना दर्प क्यों पालते हैं आप? मेरा हाल पूछते समय क्या आपके मन में यह अहंकार नहीं रहता, कि हम तो बहुत अच्छे हैं, पर तुम्हारे क्या हाल हैं? आपके हाल अच्छे हैं, तो आप जाइए।"

बेचारे हतप्रभ हो चल दिये।

तब मैंने कहा, "इतने सरल-से प्रश्न से तुम चिढ़ते क्यों हो?"

वह उसी मुद्रा से बोला, "चिढ़ने की बात है। यह सब पाखंड है। अहंकार का प्रदर्शन है। जिसे मेरे सुख-दुख से कोई मतलब नहीं, वह क्यों मेरी जिन्दगी में दिलचस्पी लेने की अनधिकार चेष्टा करता है?"

मगर उसका गुस्सा अभी निकला नहीं है। हर परिचित से मिलने पर वह 'हूँ' कहकर गुर्रा लेता है।

एक सज्जन सड़क के उस ओर से चिल्लाए "नमस्कार!"

प्रत्युत्तर में मेरे हाथ भी उठे और मेरे साथी के भी। बस, अब उसका क्रोध मुझ पर फूट पड़ा है। कहता है, "उसने तो मुझे नमस्कार की थी, आपको नहीं। आपने बीच में ही झेल ली। बड़े सफल व्यक्ति हैं आप! हम गरीबों की नमस्कार तक हड़प लेते हैं। वाह!"

मैं मौन हूँ। उसे जवाब देने से क्या लाभ? वह बार-बार मेरी ओर देखता है, प्रत्युत्तर चाहता है। पर मैं मौन हूँ। अब वह बड़ा परेशान हो

गया है। उसे न जाने क्या हो गया? मेरी ओर बड़े अपराधी नेत्रों से देख रहा है। भावावेश में उसने मेरे गले में हाथ डाल दिये हैं। गला उसका भर आया है। आँखें छलछला आई हैं। कहने लगा, "देखो, मैं तुमसे सत्य बात कहता हूँ। आज मेरी आत्मा का सत्य जागृत हो गया है। जब पेट भरा होता है तब भोजन के नीचे सत्य दब जाता है। मैंने डेढ़ दिन से कुछ खाया नहीं है। मैं आज शुद्ध-बुद्ध हूँ। मैं सत्य कहूँ? मैं तुमसे ईर्ष्या करता हूँ। कारण यही, कि तुम्हारे इतने मित्र हैं, परिचित हैं, तुम्हारी प्रसिद्धि है। मैं वास्तव में तुमसे ईर्ष्या करता हूँ।"

मैं बड़े असमंजस में पड़ गया हूँ। क्षण-क्षण में जिसके भीतर वेदना, प्रेम, प्रतिहिंसा, ईर्ष्या, करुणा और क्रोध के भाव बिजली की तरह कौंध जाते हैं, उसकी किस बात को मानूँ? जब उसका मनुष्यत्व टूटने लगता है, तब वह रोकर इसी प्रकार उसमें टेका लगाता है। मैंने कहा, "ईर्ष्या तो मुझे तुमसे करनी चाहिए। तुम्हारे समान विद्या-बुद्धि मेरे पास कहाँ है? खैर, चलो, किसी होटल में खाना खा लें।"

हम एक होटल के सामने आ गए हैं। वह बोला, "पहिले भोजन नहीं, पाखाना जाऊँगा। दुर्जनं प्रथमं वन्दे।"

मैंने कहा, "यहाँ तुम्हें कहाँ पाखाना मिलेगा?"

वह बोला, "यह मनुष्यों का मुहल्ला है। मिलेगा।"

मेरा हाथ पकड़कर वह सामने के छापाखाने में घुस गया। अभी काम शुरू नहीं हुआ था, पर मालिक बैठा है। मेरा परिचित है। मेरा साथी उनसे बोला, "फैक्टरी एक्ट (उद्योग कानून) के अनुसार, आपके कारखाने में नल-टट्टी होना चाहिए। आप इस नियम का पालन करते हैं या नहीं?"

वे बेचारे बड़े चकित हुए। बोले, "जी हाँ, टट्टी है पर आपको मतलब?"

वह बोला, "दिखाइए, कहाँ है? मुझे जाना है।"

शौच से निवृत्त होकर वह होटल के दरवाजे पर आ गया है। सामने चार-पाँच भिखारी खड़े हैं। इन्हें देखकर वह फिर भड़क गया। उनकी ओर संकेत करके मुझसे बोला, "आप लोग इन्हें जीने तो देते नहीं हो, मरने भी नहीं देते। अगर ये मर गए, तो आप लोग जिन पर गर्व करते हैं, वे करुणा, दया और संवेदना के भाव कहाँ खेलेंगे? आपके शौक के लिए ये जरूरी हैं। इन्हें आप इतना देते हैं कि ये मर न पावें। मैं भी इनमें से एक हूँ। इन्हें भी मेरे साथ ले चलो।" फिर उन्हें सम्बोधन करके चिल्लाया, "चलो रे, तुम लोग सब। होटल में बैठकर खाओ। आज मेरे साथ दानवीर कर्ण हैं!"

वह बार-बार उन्हें बुलाता है और वे हँसते हैं। समझ रहे हैं कि यह कोई सिरफिरा है। हारकर वह बोला, "नहीं आते? तो जाओ, मरो अभागो! सड़ा माल खाने के आदी, तुम्हें भरोसा ही नहीं होता कि कोई तुम्हें होटल में बिठाकर खिला भी सकता है।"

उसने भरपेट खा लिया है। मुख पर तृप्ति है। मैंने पूछा, "अब मरने कब जाओगे?"

वह बोला, "अब तो मरने की बात को फिर से सोचना पड़ेगा। कम-से-कम चौबीस घंटे नहीं मरूँगा। मेरे पेट में इतना अन्न है, जिससे आदमी चौबीस घंटे मजे में जी सके। अन्न जीने के लिए है, मरने के लिए नहीं। मैं एक आदमी का भोजन पेट में रखकर नहीं मरूँगा।" अचानक उसने हाथ उठाकर कहा, "अच्छा, अब जाता हूँ। बहुत वक्त खराब किया आपने मेरा।"

वह चला गया।

पहला पापी

तब की बात है, जब मानव-सभ्यता वन्य-जीवन से बाहर नहीं निकली थी। मनुष्य पर्वत-कन्दराओं में निवास करता था, वृक्षों के पत्ते तन पर लपेटता था, और वन के बहुल कन्द-मूल-फल खाता था। प्रातःकाल वह वन-प्रदेश में फल बटोरने निकल पड़ता। सुबह बटोरता, दोपहर को खाता; दोपहर को बटोरता, शाम को खाता। प्रकृति के विस्तृत वैभव पर उसका सामूहिक अधिकार था। वृक्षों के फल वह स्वतंत्रता से खाता, नदियों के जल में स्वच्छंद अवगाहन करता। चन्द्रमा की ज्योत्स्ना का उसे बटवारा नहीं करना पड़ता था। पवन ने डिब्बों में बन्द होना स्वीकार नहीं किया था। सूर्य की रश्मियाँ भेद नहीं मानती थीं। पक्षियों की चहक का क्रय-विक्रय नहीं होता था। पुष्पों ने किसी के लिए खिलना और किसी के लिए बन्द होना नहीं सीखा था। प्रकृति में तो यह भेद कभी नहीं उपजा।

मनुष्य दिन भर भोजन बटोरता था और रात को खाकर चैन से सोता था। श्रम और भोग का यह सम्बन्ध इतना प्रकृत और स्पष्ट था कि कहीं कोई उलझन नहीं थी।

परन्तु एक दिन उस आदिम समाज के एक व्यक्ति के सामने बड़ी उलझन उपस्थित हुई। वह रात को अपनी गुफा में सो रहा था कि उसे अचानक पास ही की गुफा से किसी साथी की कराह सुनाई दी। वह उठा और उस गुफा में पहुँचा। तिरछे चाँद की किरणें गुफा में झाँककर उसे अलोकित कर रही थीं। उसने देखा कि उसका वह पड़ोसी, जो दिन भर उसके साथ भोजन बटोरता रहा, अब पेट पर हाथ रखकर कराह रहा है। उसके मुख पर गहरी कालिमा छा गई थी और नेत्रों से जल बह रहा था।

दूसरा मनुष्य उसे बड़ी देर तक ध्यान से देखता रहा। उसे बड़ा कुतूहल हो रहा था। वेदना के संकेत तब उसके लिए नये ही थे। पहले वह उसके क्रन्दन को क्रीड़ा-कौतुक ही समझता रहा। फिर उसे उसकी पीड़ा समझ में आई। और तब उसके हृदय में एक अपूर्व भाव आया। एक विचित्र प्रेरणा उसके मन में उदित हुई। एक अज्ञात शक्ति उसे उस पीड़ित मनुष्य की ओर खींचने लगी। उसे उन भावों की पहली बार अनुभूति हुई जिन्हें हजारों साल बाद उसने 'संवेदना' और 'करुणा' जैसे नाम दिये।

वह उस बीमार के पास बैठ गया और उसके सिर को हाथ से सहलाने लगा। वह जान नहीं सका कि इससे उस बीमार को आराम मिला या नहीं, पर स्वयं उसे बड़े सुख और सन्तोष का अनुभव हुआ। वह उठकर बाहर गया और एक पत्ते में जल लाकर उसके मुख में डाला। फिर उसका पेट धीरे-धीरे दबाने लगा।

रोगी की पीड़ा कुछ कम हुई, पर आँसू बढ़ गए। पीड़ा के आँसुओं को उसने जीत लिया था, पर अब सहानुभूति की आँच से उसका मन पिघलकर बह रहा था। उसकी आँखों से इस प्रकार आँसू झरते देख, उस स्वस्थ मानव की आँखों में भी आँसू आ गए। उसकी कराह के

साथ अनजाने ही इसके हृदय के स्पन्दन की गति मिलने लगी। उसे ऐसा लगा, मानो उसका अस्तित्व तिरोहित हो गया है! वह जैसे बीमार में समाहित हो गया है और उसके अपने पेट में पीड़ा हो रही है। कुछ देर वह इसी प्रकार मंत्र-मुग्ध-सा बैठा रहा।

फिर उसने गुफा में चारों ओर दृष्टि डाली। एक कोने में उसे वे फल दिखे, जिन्हें वह आदमी बटोर तो लाया था, पर खा नहीं सका था। उन्हें देखते ही वह बीमार के पास से उठा और फलों के ढेर के पास खड़ा हो गया। उसे अचरज हुआ कि न जाने किस शक्ति ने उसे रोगी के पास से हटाकर रोगी के उन फलों के पास ला खड़ा किया।

बीमार की आँखों से अभी भी आँसू निकल रहे थे। इसने फलों को देखने के लिए अपने आँसू सुखा लिये थे। वह कुछ देर फलों के पास खड़ा रहा। फिर बीमार के पास आकर बैठ गया। वह बार-बार बीमार के मुख पर दृष्टि लगाना चाहता, पर हर बार उसकी दृष्टि उचटकर फलों पर जा पड़ती। उसने सिर सहलाने के लिए हाथ बढ़ाया, पर उसका हाथ रुक गया। पेट दबाने के लिए हाथ बढ़ाया, पर किसी ने उसका हाथ पीछे खींच लिया। उसने आँखों में पहले जैसे ही आँसू लाने का प्रयत्न किया, पर उसके नेत्र सूखे ही रहे। वह गुफा में सर्वत्र देखना चाहता था पर आँखें आकर फलों पर अटक जातीं।

उसके हृदय में एक अजब संघर्ष मच गया। उसे बड़ी बेचैनी लगी और वह गुफा के द्वार पर आकर बैठ गया। चन्द्र की निर्मल ज्योत्स्ना में उसने दृष्टि नहलाई, सरोवर के नीले जल को देखा, सोते हुए पेड़-पौधों पर नजर दौड़ाई, पर ये सब उसे बदले हुए लगे। चाँदनी में उसे फलों की आकृति दिखी, जल में फल उतराते दिखे, और पेड़ों में वही फल अटके दिखे। उसने एक बार फिर रोगी के बारे में सोचना चाहा, पर

रोगी के फल ही उसके ध्यान में आए। धीरे-धीरे उसके मन से उसका साथी एकदम निकल गया और वहाँ वे फल जम गए।

वह भीतर आया। उन फलों के पास जाकर खड़ा हो गया। अपने-आप बोला, "बड़े अच्छे फल हैं। एक दिन का भोजन है। यदि ये सब मेरे हो जाएँ, तो कितना अच्छा?" मन में ही प्रश्न उठा, "पर मेरे कैसे हो सकते हैं? ये तो उसके हैं?" यह प्रश्न बड़ी देर मन में गूँजता रहा और उसे परेशान करता रहा। वन के फलों को वह स्वतंत्रतापूर्वक तोड़ता-खाता था। वे किसी के नहीं थे, इसलिए सबके थे। पर एक मनुष्य के बटोरे हुए फल दूसरों के हो जाएँ, यह परिपाटी तब आरम्भ नहीं हुई थी। व्यक्ति के अधिकार की यह मर्यादा वह मानता था। उसने विचार किया—वह वन के पत्थरों के सामने ही फल तोड़कर ले आता है, पर मनुष्य के सामने से उठाकर नहीं ले जाता। क्या अन्तर है? पत्थर की साँस नहीं चलती, उसकी वाणी नहीं है, उसमें गति नहीं है। इसीलिए वे वृक्ष पर के फल पत्थर के नहीं हैं, तभी हमारे हैं। जो एक का नहीं है, वह दूसरे का हो सकता है। इस प्रकार की विचार-पद्धति उसके मन में बँधी और वह सोचने लगा—यदि यह आदमी भी पत्थर हो जावे, तो मैं ये फल ले सकता हूँ।

वह गुफा के द्वार पर बैठकर सोचने लगा—वह पत्थर कैसे हो सकता है? वह रोगी की कराह सुनता रहा। थोड़ी देर में कराह बन्द हो गई। उसे वह आदमी पत्थर होता हुआ लगा। उसने चाहा कि वह तुरन्त पत्थर हो जाए, पर उसकी साँस अभी भी चल रही थी। वह उसकी साँसें गिनता रहा, साँस का सिलसिला टूटने की राह देखता रहा। हर साँस जब निकलकर लौटती, तब उसे बड़ा दुख होता।

प्रभात होने में बहुत देर न थी। उसकी अधीरता बढ़ती जाती थी। वह भीतर गया और रोगी को हिलाया-डुलाया। वह कुछ बोला नहीं। पर

उसकी साँस का क्रम नहीं टूटा था। वह अभी तक पत्थर नहीं हुआ था। उसने फिर सोचा, 'पत्थर, पत्थर है, क्योंकि उसकी साँस नहीं चलती। इसकी साँस बन्द हो तो यह भी पत्थर हो जाए। फिर मैं ही इसकी साँस क्यों नहीं बन्द कर दूँ?'

उसने ध्यान से साँसों के रास्तों को देखा। नाक और मुँह के सामने हाथ रखा। यही दो साँस के द्वार थे। उसने दोनों द्वारों को हाथों से बन्द कर दिया। रोगी तनिक छटपटाया और फिर निस्पन्द हो गया। इसने नाक के पास हाथ रखकर देखा। साँस अब बन्द हो गई थी। उसे हिलाया। वह पत्थर जैसा ही हिला और छोड़ देने पर पत्थर जैसा ही स्थिर हो गया। जिसके वे फल थे, वह वहाँ नहीं रहा था। जीवित मनुष्य ने बड़ी प्रसन्नता से वे फल उठाए और अपनी गुफा में लाकर रख लिये।

सूर्य निकला। आसपास की गुफाओं से मनुष्य भोजन बटोरने निकल पड़े। पर यह मनुष्य गुफा के द्वार पर बैठा निश्चिन्तता से धूप ले रहा था, पत्तों से शरीर का शृंगार कर रहा था और भैंसे के सींग का बाजा बजा रहा था। श्रम के समय शृंगार और संगीत देखकर उसके साथियों को आश्चर्य हुआ। उन्होंने संकेत से पूछा, "आज फल बटोरने नहीं जाओगे? आज खाओगे नहीं?"

वह हँसा। उसने उन्हें गुफा के द्वार पर ले जाकर खड़ा किया और अँगुली से फलों के ढेर की ओर संकेत किया।

वे सब बड़े चकित हुए। रोज लाना और रोज खाना, उनका नियम था। संचय करना उन्हें नहीं आता था। सुबह किसी गुफा में उन्होंने फलों का ढेर कभी नहीं देखा था।

वे परिश्रम करने चले गए और यह बैठा-बैठा बाजा बजाता रहा।

उसके संचय की बात सब लोगों में फैल गई। पास की गुफा वाले मनुष्य के पाँव में काँटा गड़ गया था। वह सुबह भोजन बटोरने

नहीं जा सकता था। वह इस आदमी के पास आया और कुछ फल माँगे। इसने कुछ देर विचार किया और उससे कहा, "ले जा। पर शाम को दुगुने फल लूँगा।"

दूसरा आदमी विवश था। वह इसी शर्त पर ले गया। दोपहर को उसके पाँव की पीड़ा कम हुई, तो वह फल तोड़ने गया। उसे उस दिन तिगुना श्रम करना पड़ा। संध्या समय उसने दुगुने फल लाकर लौटा दिये। बिना श्रम के मिले हुए फल पाकर उसे गर्व का अनुभव हुआ।

उस रात उसने वही फल खाए, जिन्हें उसने नहीं बटोरा था, जो इसीलिए मिल गए थे कि किसी के पाँव में काँटा गड़ गया था; जो इसीलिए प्राप्त हो गए थे कि एक आदमी को उसने पत्थर बनाया था। उस रात उसने वही फल खाए, जिनके लिए उसने परिश्रम नहीं किया था, जिन पर दूसरे मनुष्य के परिश्रम के स्वेद-बिन्दु लगे थे। उस रात उसने वही फल खाए, जो दो मनुष्यों के अमंगल के हाथों के द्वारा उसे प्राप्त हुए थे।

उसने भर-पेट उन्हें खाकर पेट पर हाथ फेरा और प्रसन्नता से आकाश में निर्मल चाँद की ओर देखा।

कहते हैं, उसकी दृष्टि पड़ते ही चाँद में एकदम काला धब्बा पड़ गया।

उस दिन संसार में पाप का उदय हुआ; वह संसार का पहला पापी था।

गधा और मोर

नगर के बाहरी हरे मैदान के बीच एक खँडहर में कुछ गधे निवास करते थे। वहीं आकर कुछ कुत्ते रहने लगे।

गधों से उनका खूब परिचय बढ़ गया। गधों के लम्बे कान उन्हें खूब अच्छे लगते थे। जब गधे घास चरकर उल्लास से चीपों-चीपों करते, तो कुत्तों को ध्रुपद राग का मजा आता। जब वे धूल में लोटते, तो कुत्ते उसे कलामय नृत्य समझकर आनन्दित होते। जब वे आपस में दुलत्ती झाड़ते, तो कुत्ते उस शौर्य पर बलि-बलि जाते। जब वे पेट भर घास चरकर खँडहर के कोने में अपने अधखुले नयन भूमि में गड़ाए, समाधि-मुद्रा में निश्चल खड़े हो जाते, तो कुत्ते उन्हें गम्भीर चिन्तन में रत जान, मौन बैठे रहते।

गधों को वे खूब जानते थे। वे उनके अपने थे। प्राणियों में गधा उनके लिए आदर्श था।

एक दिन—आकाश में काले-काले मेघ उमड़ आए और हरित भूमि पर जब उनकी श्यामल छाया पड़ी, तो वहीं पास में रहनेवाले एक मयूर का मन नाच उठा।

और जब पुरवैया का स्पर्श हुआ, तो उसका शरीर पुलक से कंटकित हो गया।

उसने सोचा, 'ये कुत्ते बेचारे, बड़ा नीरस और उदास जीवन जीते हैं। इन्हें गर्दभों की संगति भुगतनी पड़ती है। आज जब सम्पूर्ण प्रकृति खिलखिला रही है, मैं तनिक इनके पास जाकर नृत्य करके इनका मन रिझाऊँ।'

मयूर के मन में आनन्द समा गया था; और आनन्द संक्रामक होता है। उसने कलगी ठीक की और कुत्तों के पास आया।

कुत्तों ने उसे देखा। वह उन्हें नया लगा। अद्भुत लगा। विचित्र लगा।

हर नयेपन पर भौंकने का कुत्तों का स्वभाव बन गया था।

एक कुत्ता चिल्लाया, "भौं-भौं—यह कौन है?" चारों ओर से कुतूहल और जिज्ञासा भौंकने लगे, "भौं-भौं-भौं।"

दूसरा कुत्ता चिल्लाया, "भौं-भौं-भौं—इसे तो कभी देखा नहीं। नया मालूम होता है। न जाने कौन है!"

तीसरे ने कहा, "भौं-भौं-भौं—ठीक कहा। गधे का रंग एक होता है। यह बहुरंगी है। यह कपटी मालूम होता है। यह तो हमारा जाना-पहचाना नहीं है। यह विचित्र है। अद्भुत है।"

इसी समय मयूर ने नृत्य के पहिले की किलकारी मारी।

कुत्ते एक स्वर से चिल्लाए, "भौं-भौं-भौं—यह तो गधे जैसा नहीं रेंकता। यह कौन है?"

मयूर चकित था। फिर भी वह पंख फैलाकर नृत्य की मुद्रा में आ गया।

कुत्ते फिर चिल्लाए, "भौं-भौं-भौं-भौं-भौं—अरे, इसकी पीछे की टाँगें तो उठती नहीं हैं। यह दुलत्ती तो झाड़ता नहीं है। यह भूमि पर तो

लोटता नहीं। यह जरूर बुरा है। गधे को हम जानते हैं। गधा अच्छा होता है। यह जरूर खराब है। इसे भगाओ यहाँ से।"

इधर मयूर पंख फैलाकर नृत्य करने लगा।

उधर वे सब कुत्ते भौं-भौं करते हुए उसे घेरने लगे।

वे भौंकते-भौंकते उसके पास सिमटने लगे। वे चिल्लाए, "पागल है! पागल है!"

थोड़ी देर में उन्होंने भौंक-भौंककर मोर को वहाँ से भगा दिया। फिर आकर विजय की खुशी में गधों की टाँगों से लिपट गए।

गौ-भक्ति

सेठ धनपतदास झनझनियाँ गौ-हत्या-विरोधी आन्दोलन के प्रमुख नेता थे। पोस्टरों का खर्च, नारे लगवाने की मजदूरी, पर्चों की छपाई—सब का खर्च वे ही देते थे।

एक दिन गौ-हत्या-विरोधी सभा में भाषण देकर सेठ झनझनियाँ लौटे, तो बिस्तर पर लेटते ही नींद आ गई।

उन्हें सपना आया। सपने में गाय उनसे बोली, "सेठ साहब, आपकी गौ-भक्ति देखकर हम बहुत आश्वस्त हुईं। एक बार राजा परीक्षित ने गौ-रूपिणी पृथ्वी की दया देखी थी, फिर गौतम बुद्ध प्राणि-मात्र के दुख से द्रवित हुए थे; और अब तीसरे आप हुए हैं।"

सेठ झनझनियाँ ने कहा, "यह तो मेरा कर्तव्य ही है। विधर्मियों के द्वारा गाय की हत्या मैं कैसे देख सकता हूँ?"

गाय ने कहा, "पर सेठजी, एक बात है। आपके दो कसाईखाने चल रहे हैं—एक बम्बई में और दूसरा कलकत्ता में, जिनमें हजारों की

तादाद में हमारी हत्या होती है, और हमारा मांस विलायत भेजा जाता है। वे कल से ही बन्द कर दीजिए।"

सेठ बोले, "वह दूसरी बात है। वे कैसे बन्द हो सकते हैं? उनसे तो लाभ होता है। और हम विधर्मियों को लाभ कैसे लेने देंगे?"

गाय ने कहा, "बेटा, तुम हमें माता कहते हो। विधर्मियों को मारने से रोकते हो, पर स्वयं हत्या करते हो। यह कैसी बात है?"

सेठ झनझनियाँ बोले, "माता, इसमें भी हमारा धर्माभिमान है। हमारी माता को कोई दूसरा कैसे मार सकता है? उसे हम ही मारेंगे।"

पुण्य

एक आदमी मरकर उस लोक में पहुँचा और न्याय के लिए धर्मराज के सामने उपस्थित किया गया।

धर्मराज ने सचिव से कहा, "इस व्यक्ति के कर्मों का लेखा प्रस्तुत करो।"

सचिव ने कहा, "देव! यह अत्यन्त पापी और अत्याचारी आदमी था। इसके समाज ने इसे नर-पिशाच निरूपित किया था। कितने ही लोगों का जीवन इसने नष्ट किया है। इससे बड़ा मानव-पीड़क कदाचित् ही कोई हुआ हो। यह क्रूर, कपटी, पाखंडी और अन्यायी था।"

धर्मराज ने पूछा, "इसकी मृत्यु कैसे हुई?"

सचिव ने कहा, "इसने आत्महत्या की है, देव।"

धर्मराज कुछ सोचते रहे, फिर आदेश दिया, "इसे स्वर्ग में स्थान दो।"

सचिव भौचक-सा धर्मराज की ओर देखता रहा। बोला, "देव, यह आप क्या कह रहे हैं? यह पापी आदमी स्वर्ग में सुख भोगेगा? फिर

समस्त कर्म-फल-विधान ही मिथ्या नहीं हो जाएगा? यह तो घोर रौरव नर्क में वास करने योग्य है। आखिर इसने कौन-सा सत्कर्म किया है? कौन-सा पुण्य किया है?"

धर्मराज ने कहा, "इसका अन्तिम कर्म सबसे बड़ा पुण्य है।"

सचिव ने पूछा, "अर्थात्?"

धर्मराज ने कहा, "अर्थात्, आत्महत्या। आत्महत्या करके इसने समाज का कितना हित किया है! यदि यह जीवित रहता, तो कितने अत्याचार करता! कितने मनुष्यों को पीड़ा पहुँचाता! स्वयं अपने को मारकर इसने संसार को कितने अत्याचारों से बचा लिया! आत्महत्या करना ही इसका सबसे बड़ा सत्कर्म है, पुण्य है। उसी के बल पर यह स्वर्ग में स्थान पाएगा।"

सचिव ने चकित होकर कहा, "यह तो बिलकुल नवीन विधान है, भगवन्! इसकी घोषणा हो जानी चाहिए।"

धर्मराज ने कहा, "हाँ, घोषणा कर दो कि जो अत्याचारी आत्महत्या करेगा, उसे स्वर्ग प्राप्त होगा!"

देव-भक्ति

एक शहर की बात है। शहर में गणेशोत्सव बड़ी धूम से मनाया जाता है। प्रथा कुछ ऐसी चल गई है कि हर जाति के लोग अपने अलग गणेशजी रखते हैं। इस तरह ब्राह्मणों के अलग गणेश होते हैं, अग्रवालों के अलग, तेलियों के अलग, कुम्हारों के अलग। पच्चीस-तीस इस तरह के गणेशोत्सव होते हैं, और नौ-दस दिनों तक खूब भजन-कीर्तन, पूजा-स्तुति, आरती, गायन-वादन होते हैं। आखिरी दिन गणेश-विसर्जन के लिए जो जुलूस निकलता है, उसमें सबसे आगे ब्राह्मणों के गणेश जी होते हैं।

इस साल ब्राह्मणों के गणेशजी का रथ उठने में जरा देर हो गई। इसलिए तेलियों के गणेशजी आगे हो गए।

जब यह बात ब्राह्मणों को मालूम हुई, तो वे बड़े क्रोधित हुए। बोले, "तेलियों के गणेश की 'ऐसी-तैसी'! हमारा गणेश आगे जाएगा।"

रासलीला

श्रम के पवित्र जल से जो धन धुला हुआ नहीं होता, उसमें अनाचार का विकारी तत्त्व रह जाता है। राधानाथ मठ में ऐसा धन बहुत आता था। आसपास के प्रदेश के बड़े-बड़े धनी-मानी वर्ष में एक बार अवश्य ही मठ में जाते और धन-दान करके पुराने पापों को धोते तथा नये पाप करने के लिए तैयार हो जाते, जैसे विद्यार्थी नया सवाल करने के लिए स्लेट पर से पहिले का सवाल मिटा देता है। ये सब सेठ, साहूकार, जमींदार, व्यापारी लोग जनता की लूट के माल में से भगवान का हिस्सा दे आते। गोया इनका भगवान भी कोई इस समय का पुलिस वाला है, जो चोरों की मदद करके हिस्सा लेता है। पर आसपास के असंख्य गरीब नर-नारी भी वहाँ दर्शन करने और भेंट चढ़ाने जाते। उनकी नाक भी उसी मठ के भगवान के सामने रगड़ते-रगड़ते घिस गई थी। और अचरज की बात है कि 'लूटने वाले' और 'लुटने वाले' का भगवान एक ही कैसे हो जाता है?

वह वैष्णव मठ था—कृष्ण भक्ति-शाखा का। माफी की जायदाद लगी थी—51 गाँवों की। भगवान साहूकारी करते थे। दस्तावेज यों

लिखे जाते थे : 'दस्तावेज लिख दी भगवान राधानाथजू को भरोसे वल्द लछमन कुरमी ने ऐसा जोकि...' यानी भगवान भी सूदखोरी करते थे। और इस तरह भगवान की सम्पत्ति बढ़ती जाती थी। भगवान कचहरी चढ़ते थे और कभी-कभी 'दीनबन्धु' किसी दीन की झोंपड़ी भी नीलाम करा लेते थे।

मठ में लगभग तीन सौ 'साधु' रहते थे—शरीर और दिमाग, दोनों से खूब मोटे। विद्या तो दम्भ को जन्म देती है, इसलिए वे विनयी भक्त विद्याहीन रहकर ही जीवन-लाभ ले रहे थे। सुबह-शाम दंड पेलते, रबड़ी-मलाई चरते, भंग घोंटते, भगवान के कर्जदारों से ब्याज वसूल करते, लूटपाट करते। और भगवान के लिए गोपियाँ लाते।

गोपियाँ इसलिए लाते कि उनके भगवान कृष्ण का काम बिना गोपियों के चल नहीं सकता, फिर भगवान के साथ तीन सौ गोप भी तो थे। महाभारत के धर्मक्षेत्र में खड़ा हुआ कृष्ण इन्हें अच्छा नहीं लगता, क्योंकि वह काम करने के लिए कहता है, संघर्ष के लिए ललकारता है। यमुना-तट वाला अच्छा है; मजे का आदमी है।

महन्त, धर्माचरण के हेतु, भगवान कृष्ण को गोपियाँ अर्पित करते थे—उसी प्रकार, जैसे भक्त भोजन अर्पित करता है। मूर्ति भोजन तो करती नहीं है, उसे खाते हैं पुजारी! वही हाल गोपियों का होता।

तीन सौ लट्ठधारी साधुओं के गिरोह के स्वामी महन्त केशवानन्द ने आसपास के इलाके में आतंक मचा रखा था। वह अपने-आपको कृष्ण कहता था और कृष्णलीला करता था। गाँवों से सुन्दर स्त्रियों को उसके भक्त उठा लाते थे और मट में उनका जीवन नष्ट किया जाता था। अनेक स्त्रियाँ मठ में स्थायी रूप से रहतीं। विशेष अवसरों पर नई गोपिकाएँ लाई जाती थीं। उस प्रदेश में किसी स्त्री की इज्जत सुरक्षित नहीं थी।

वह मठ एक छोटी रियासत में स्थित था और उसका विलासी राजा महन्त का गुरुभाई ही था। तब जनता की इतनी हिम्मत नहीं थी कि इस बली का विरोध कर सके।

महन्त जी ने घोषणा कर रखी थी कि वे कृष्ण के अवतार हैं। वे स्वयं कृष्ण हैं। प्रातःकाल उबटन से उनका स्नान होता, रेशमी वस्त्रों से उन्हें सजाया जाता, इत्र-फुलेल चुपड़ा जाता, फिर भोग लगता, रासलीला होती, चीरहरण लीला होती, रमण होता। वे गोपीजनबल्लभ थे, राधारमण थे, रसिक-शिरोमणि थे, नटवरनागर थे!

बस चलता तो महन्त और उनके बलिष्ठ चेले समय के पहिए को पकड़कर स्थिर ही रखते। परन्तु परिवर्तन को कोई शक्ति रोक नहीं पाई, क्योंकि परिवर्तन से बड़ी कोई शक्ति है ही नहीं। तो समय पलटा, राजसत्ता पलटी। उस छोटे-से राज्य का बूढ़ा विलासी राजा स्वर्ग या नर्क में से किसी एक स्थान को जब सिधार गया, तब उसके स्थान पर नया शासक आया। नवीन नरेश ने जब मठ पर से राजकीय संरक्षण उठा लिया, तो वर्षों से दबी पीड़ित जनता के हृदय में धुँधुआती आग ने लौ पकड़ी। वह समय आज से बड़ा भिन्न था। शताब्दियों से चली आती राज-परम्परा पर बरबस जनसाधारण का अन्धविश्वास जम गया था। लोग नवीन नरेश के पास गए और मठ में होने वाले अनाचार से रक्षा करने की प्रार्थना की।

राजा का नया खून कुछ गरमाया। वह एक दिन अचानक मठ में पहुँच गया। महन्त उस समय बाग के सरोवर में गोपियों के साथ जल-विहार कर रहे थे। राजा का आगमन सुना, तो पहिले तो उनके भीतर के कृष्ण कुछ सकपकाए। पर दीर्घ समय से उच्छृंखल आचरण करते-करते तथा निर्बाध पशुबल का प्रयोग करते-करते महन्त की प्रवृत्ति उद्धत हो गई थी। वह शीघ्र ही सँभल गए और

निःशंक भाव से आए। हाथ उठाकर आशीर्वाद दिया, "राजन्, चिरंजीव हो!"

राजा ने प्रणाम करके कहा, "भगवन्, दर्शनार्थ चला आया मैं। भगवान ने कृपा नहीं की, तो भक्त ही चरण-रज लेने आ पहुँचा।"

महन्त ने इस विनय को देखा तो वे पूर्ण आश्वस्त हो गए। सोचा, नई उम्र का जोश अब ठंडा पड़ रहा है। अब तो भक्ति की ओर झुकेगा ही।

वे बोले, "हम भगतन के भक्त हमारे! अरे, महाभारत में तो तुम्हारे रथ की डोर खींचते-खींचते हमारे हाथों में छाले आ गए थे—क्या तुम भूल गए? बहुत काल पश्चात् आज दिखे हो पार्थ! कहाँ रहे?"

राजा ने कहा, "महाराज, चौरासी लाख योनियों का चक्कर कोई छोटा चक्कर है? भटकता-भटकता आ पहुँचा।"

महन्त ने राजा की भक्ति देखी तो प्रसन्न हो गए। बोले, "अर्जुन, जब तुम ब्रज में आ ही गए हो, तो ब्रज का प्रसाद लेकर ही जाओ। हम लीला करेंगे।"

बाँसुरी बजी, नृत्य हुआ, संगीत हुआ, चीरहरण हुआ, रासलीला हुई, अभिसार लीला हुई।

वापस लौटते समय राजा ने कहा, "भगवन, धर्म-विरोधी किस काल में नहीं हुए? आज तो उनकी संख्या बहुत बढ़ गई है। श्रद्धाहीन हो रहा है समाज! अनेक दुष्ट मुझसे आकर कहते हैं कि महन्त जी व्यभिचार करते हैं, स्त्रियों का धर्म भ्रष्ट करते हैं।"

महन्त ने कहा, "वे मूर्ख हैं, राजन! वे अधोगति को प्राप्त होंगे। हम तो कृष्ण हैं। हम मानव-लीला करते हैं। नरदेही अत्यन्त पतित देही हैं, और पतित को पावन का स्पर्श चाहिए ही। राम के चरण-स्पर्श से

शिला नारी हो गई थी। हम लीला करते हैं। हम कृष्ण हैं। हमारे अन्तर में नटवर-नागर बस गए हैं। हम क्षुद्र बन्धनों से मुक्त हो गए हैं। हम निष्काम अनासक्त आचरण की सिद्धि प्राप्त कर चुके हैं। हमें अब क्या दोष लगेगा?"

न च मां तानि कर्माणि निबध्नन्ति धनञ्जय।
उदासीन व दासीनमसक्तं तेषु कर्मसु॥

[उन कर्मों में आसक्ति-रहित और उदासीन के सदृश स्थित हुए मुक्त परमात्मा को वे कर्म नहीं बाँधते हैं।]

राजा ने कहा, "यथार्थ है महाराज। पर मेरी एक विनती है। मैं भगवान की लीला नगरवासियों को भी दिखाना चाहता हूँ। उनकी भी तो आँखें खुलनी चाहिए। आप चरण-रज से नगर को पवित्र करें। नगर में आपकी लीला हो। मैं नगर के मध्य में लीला-भूमि का निर्माण कराता हूँ।"

महन्त गद्गद हो गए। बोले, "ऐसा ही होगा अर्जुन! तुमने मुझे कितना नाच नचाया है! जब मैं उस पापी दुर्योधन के द्वार पर भिक्षुक की भाँति तुम्हारा राज्य माँगने जा सका था, तो क्या तुम्हारे नगर में नहीं आऊँगा? सखा, मैं अवश्य आऊँगा। अवश्य आऊँगा।"

नगर के मध्य में एक मैदान था। वहाँ लीला-भूमि बनी। असंख्य नर-नारी वहाँ एकत्र थे। एक मंच पर महन्त और उनके गोप-गोपियाँ विराजमान थे।

राजा ने उच्च स्वर से जनसमूह को सम्बोधन किया, "महन्त जी बड़े सिद्ध पुरुष हैं। वे कृष्ण के अवतार हैं। उन्हें पाप-पुण्य स्पर्श नहीं करते। वे परमपवित्र हैं। कृष्ण की आत्मा उनकी आत्मा में विद्यमान है। वे अब रासलीला करेंगे।"

रासलीला हुई। खूब हुई।

राजा ने फिर उच्च स्वर से कहा, "वास्तव में महाराज साक्षात् कृष्ण हैं। ऐसा आनन्द तो द्वापर में भी ब्रज के नर-नारियों को प्राप्त नहीं हुआ होगा।"

महन्त अत्यन्त गर्वपूर्वक जनसमूह को देख रहे थे। थोड़ी देर बाद बोले, "राजन, अब हम अपने धाम को प्रस्थान करेंगे।"

राजा ने कहा, "तनिक ठहरिए, महाराज।"

फिर राजा ने जनसमूह से कहा, "अभी महन्त जी ने रासलीला की। धन्य है उन्हें। वे तो साक्षात् कृष्ण ही हैं। उनकी लीला का पार कौन पा सकता है! अब वे एक दूसरी लीला भी करेंगे—'गोवर्धन लीला'! चबूतरे पर रखी दोनों विशाल चट्टानों को तर्जनी पर धारण करके नृत्य करेंगे!"

महन्त सकपकाए। कहने लगे, "नहीं, नहीं, आज नहीं। एक दिन में दो लीलाएँ नहीं हो सकतीं। नियम भंग हो जाएगा।"

राजा ने कहा, "भगवन्, आप साक्षात् कृष्ण हैं। आप निर्बन्ध हैं, मुक्त हैं। आपको कौन नियम-बन्धन बाँध सकते हैं? हमें निराश मत करिए। गोवर्धन लीला करिए।"

जनसमूह भी चिल्लाया, "गोवर्धन लीला होनी चाहिए!"

महन्त को अब समझ में आने लगा था। अत्यन्त दीन नयनों से उसने राजा की ओर देखा और याचना की, "मुझे संकट में मत डालो। गोवर्धन लीला नहीं होगी।"

राजा ने कहा, "गोवर्धन लीला तो होगी महाराज! कृष्ण ने रासलीला की थी, तो गोवर्धन लीला भी की थी। और आप तो साक्षात् कृष्ण हैं। जब आप रासलीला, चीरहरण लीला करते हैं, तो गोवर्धन लीला भी करते ही होंगे, महाराज।"

बदहवास महन्त को सिपाहियों ने चबूतरे के नीचे लाकर खड़ा किया और ऊपर से दो विशाल चट्टानें उसके फैले हाथों पर लुढ़काई।

एक मिनट में चट्टानों के नीचे पाखंड पड़ा चीखने लगा। थोड़ी देर बाद चीख भी समाप्त हो गई और रक्त से भूमि स्नान करने लगी।

स्मारक

माल से लदे भारी-भरकम मोटर ठेले जब पेट्रोल पम्प से शराब पीकर सड़क पर मदमस्त हो बेतहाशा दौड़ते हैं, तब अगर आप एकदम सड़क के किनारे नहीं हुए, तो दुनिया से किनारा काटने का मौका आ जाता है। 'लोकवाहक' नाम का मुकुट पहिने ये ठेले एक क्षण में 'परलोकवाहक' बन जाते हैं।

लेकिन जिस ठेले की यह कहानी है, वह 'लोकवाहक' नहीं था, 'निजीवाहक' था, और कभी-कभी आदमी को निजी तौर पर परलोक पहुँचा आता था।

एक दिन शाम को लगभग चार बजे चन्द्रशेखर का लड़का नरेन्द्र साइकिल पर स्कूल से लौट रहा था। म्यूनिसिपल दफ्तर के सामने के चौराहे पर उसने ज्योंही साइकिल मोड़ी कि उस ओर से धड़धड़ाता हुआ यह ठेला आया और एक मिनट में धरती खून से नहा गई। साइकिल टूटकर अलग पड़ी थी, पुस्तकें सड़क पर बिखर गई थीं, नाश्ते का डिब्बा खुला पड़ा था—सुबह जो घर से नाश्ता लेकर चला था, वह

इस महायात्रा पर बिना पाथेय के ही चल पड़ा था। किताबें खुली पड़ी थीं और उन पर जगह-जगह खून के दाग पड़ गए थे, मानो विद्यार्थी ने उन स्थलों को परीक्षा के लिए महत्त्वपूर्ण मानकर उन पर लाल निशान लगा दिये हों!

भीड़ जमा हो गई। ड्राइवर पकड़ लिया गया। पूछताछ होने लगी। ड्राइवर ने बतलाया कि ठेला शिवचरण लाल का है।

खबर पाकर लड़के के माता-पिता और भाई-बहिन भी आ गए और उनके सम्मिलित क्रन्दन से वातावरण भर गया। संयोग की बात है कि चन्द्रशेखर और ठेकेदार शिवचरण बड़े घनिष्ठ मित्र थे।

शिवचरण आए तो देखकर एकदम चीख उठे। इस लड़के को वे बहुत प्यार करते थे। उन्हें लगा कि उनका अपना बेटा नहीं रहा। वे सिर पीटकर कहने लगे, "मेरे ही ठेले से यह होना था! यह दिन देखने के पहिले मैं मर क्यों नहीं गया? इस ठेले को आग क्यों नहीं लग गई?"

लोगों ने समझाया-बुझाया। अरथी उठी, चिता बनी और थोड़ी देर में शेष भी अशेष हो गया।

शिवचरण लाल का मन इस ग्लानि से टूटा जा रहा था कि उन्हीं के ठेले से उनके प्रिय मित्र के पुत्र की मृत्यु हुई। वे मित्र के दुखी दम्पती को ढाढ़स बँधाने के लिए उनके पास घंटों बैठते, पर उन्हें सान्त्वना देने के बदले स्वयं उनके साथ रोने लगते। अपने को कोसते, "भैया, मैं ही हत्यारा हूँ। मैंने ही बेटे के प्राण लिये हैं!"

तब चन्द्रशेखर स्वयं अपना दुख भुलाकर शिवचरण को समझाते, "भैया, उसे तो जाना ही था, सो चला गया। ठेला तो इसमें निमित्त मात्र था। इसमें तुम्हारा क्या दोष? होनी को कौन रोक सकता है?"

दिन बीतते गए। दम्पती के मन पर से दुख का बोझ कम हुआ तो नीचे दबे हुए दूसरे भाव झाँकने लगे। विशेष कर चन्द्रशेखर की पत्नी

को यह बात बार-बार काटने लगी कि जिस ठेले से नरेन्द्र की मृत्यु हुई, वह शिवचरण लाल का था। एक-दो बार उसने भीतर से कह भी दिया, "अपने ही घर के डाँड़े से हमारे भाग फूटने थे!"

शिवचरण ने एक-दो बार यह बात सुनी और दम्पती का बदलता हुआ रुख देखा तो उन्हें भी बुरा लगा। वैसे तो वे स्वयं भी अपने को कई बार कोसते थे, हत्यारा कहते थे, पर नरेन्द्र की माँ के मुख से सांकेतिक भाषा में यह सुना तो अच्छा नहीं लगा। स्वयं यही बात कहते, तो उसमें आत्म-स्वीकृति और पश्चात्ताप का गौरव और सन्तोष रहता। दूसरे के मुँह से वही बात निकली तो उसमें आरोप की कटुता आ गई।

उन्होंने चन्द्रशेखर के यहाँ जाना-आना कम कर दिया। दम्पती ने जब यह देखा तो कहने लगे कि बेटे की जान ले ली और अब मुँह भी नहीं दिखाते।

शिवचरण अपने मन का बोझ उतारना चाहते थे। वे कुछ ऐसा करना चाहते थे, जिससे उनके मन को शान्ति मिले और दुखी दम्पती को भी सन्तोष हो। कुछ ऐसा करना चाहते थे जिससे उनकी सद्भावना, उदारता और प्रेम का परिचय मिले। बहुत सोच-विचार के बाद उन्होंने तय किया कि नरेन्द्र की स्मृति में उसके स्कूल में ही एक पुस्तकालय खुलवा दिया जाए। बच्चे की स्मृति भी सुरक्षित रहेगी और उनका मन हलका होगा। दम्पती के मन पर भी इसका प्रभाव अच्छा पड़ेगा। उन्होंने स्कूल के अधिकारियों से बात की और स्कूल के अहाते से लगी हुई जमीन का टुकड़ा खरीदकर उस पर पुस्तकालय की इमारत बनवाने की बात तय की। चन्द्रशेखर के यहाँ आना-जाना वे काफी कम कर चुके थे। वे अपनी इस योजना से उन लोगों को चकित कर देना चाहते थे।

इधर दुखी दम्पती के पास से मित्र अलग हुआ, तो अन्य लोग आने लगे। 'शुभचिन्तकों' ने उन्हें घेरा। 'बिन कारन पर-उपकारी' लोग

मुफ्त सलाह पेश करने लगे। एक वर्ग है, जिसकी जीविका संघर्ष में से निकलती है। लड़ाई-झगड़ा, छीना-झपटी, मार-पीट, गबन, चोरी आदि जिन्हें हम बुरी चीज कहते हैं, इस वर्ग की खुशहाली की फसल के लिए खाद का काम करते हैं। सब कहीं शान्ति, प्रेम, बन्धुत्व हो तो इसे बहुत अखरता है। यह है वकीलों का वर्ग। वकीलों ने चन्द्रशेखर को घेरा, सलाह दी कि चूँकि यह ठेला शिवचरण लाल का निजी ठेला था, इसलिए उन पर हरजाने का दावा किया जा सकता है।

पहिले तो चन्द्रशेखर को यह बात ठीक नहीं लगी। पर समझाने पर वे मान गए। जो वकील अदालत में मजिस्ट्रेट को इस हद तक भ्रमित कर सकते हैं कि उन्हें हत्यारा भी महात्मा बुद्ध दिखने लगता है, वे अगर चन्द्रशेखर को मित्र के विरुद्ध कर पाए, तो इसमें अचरज की कोई बात नहीं हुई। अब अक्सर चन्द्रशेखर के यहाँ वकीलों की बैठक होती। अभी भी नरेन्द्र की याद होती, पर अब उसमें पीड़ा नहीं होती। अब वह एक क्रयशील सम्पत्ति हो गया था, जिसकी कीमत आँकी जा रही थी। माल की कीमत वसूल करते समय दुकानदार को माल के जाने की कसक कहाँ होती है? जो शान्ति मित्र, कुटुम्बी, धर्म और ज्ञान उन्हें नहीं दे पाए, वह हरजाने के दावे ने उन्हें सहज ही दे दी।

एक दिन चन्द्रशेखर शिवचरण लाल को हरजाने के दावे का नोटिस देने के लिए कचहरी पहुँचे। कागजों पर दस्तखत करके उन्होंने अपने वकील को दिये और स्वयं बरामदे में से निकलकर बाहर जा रहे थे कि सामने से अनायास शिवचरण आ पहुँचे। इतने दिनों की प्रगाढ़ मित्रता का स्मरण चन्द्रशेखर को हो आया और जब नोटिस देने की बात उनके मन में आई, तो उनकी हिम्मत मित्र का सामना करने को नहीं हुई। वे बचना चाहते थे, पर शिवचरण बिलकुल ही नजदीक आ गए थे।

आखिर नमस्कार हुई।

पहिले चन्द्रशेखर ने ही पूछा, "क्यों, कैसे आए आज?"

शिवचरण ने कहा, "यों ही। सोचा, नरेन्द्र की यादगार में एक लाइब्रेरी खुलवा दूँ। उसी के लिए जमीन खरीदने की कार्रवाई करने आया था।"

चन्द्रशेखर को लगा कि वे धीरे-धीरे जमीन के अन्दर घुसे जा रहे हैं। आत्मग्लानि से उनका अंग-अंग जलने लगा। वे वहाँ से भागना चाहते थे।

शिवचरण ने पूछा, "और तुम कैसे आए?"

चन्द्रशेखर ने कहा, "यों ही एक मामले की पेशी थी।"

जल्दी ही छूटकर चन्द्रशेखर वकीलों के कमरे में गए और अपने वकील से हरजाने के नोटिस के कागज माँगे। हाथ में लेकर तनिक देर उन्हें देखते रहे और फिर जैसे कोई शत्रु पर प्रहार करता है, इस गुस्से और फुर्ती से उन्हें फाड़कर फेंक दिया। वे फौरन घर आ गए।

इधर शिवचरण आगे बढ़े तो उन्हें एक परिचित मिल गए। वे बोले, "ठेकेदार साहब, कुछ खबर है? चन्द्रशेखर आप पर लड़के की मौत के हरजाने का दावा कर रहा है, 25 हजार का।"

शिवचरण क्रोध से जलने लगे। मन-ही-मन बोले, 'इतना नीच है यह? मुझसे बेटे की कीमत वसूल करना चाहता है? देखता हूँ, मुझसे एक कौड़ी भी कैसे लेता है?'

वे तुरन्त दफ्तर में गए। जमीन की खरीद के कागज वापिस लिये। तनिक उन्हें हाथ में लेकर देखा। फिर जैसे कोई शत्रु पर प्रहार करता है, इस क्रोध और फुर्ती से फाड़कर फेंक दिया। इसके बाद वे तुरन्त ही घर आ गए।

एक सप्ताह बीत गया। एक ग्लानि में जलता रहा, दूसरा क्रोध में। न इन्हें नोटिस मिला, न लाइब्रेरी की इमारत का काम शुरू हुआ।

आठवें दिन चन्द्रशेखर शिवचरण के घर गए। आँखों में आँसू भरकर बोले, "भाई, मुझे माफ कर दो। मैं बहुत नीच हूँ। मैं तुम पर हरजाने का दावा करने जा रहा था। उस दिन तुम न मिलते तो अभी तक तुम्हारे पास नोटिस आ गया होता। तुमसे भेंट होने के बाद मैंने उसे फाड़कर फेंक दिया।"

शिवचरण की भी आँखें गीली हो गईं। वे बोले, "मैं भी कुछ कम नीच नहीं हूँ। क्रोध तो तुम पर आया और बेटे की स्मृति की हत्या कर दी मैंने। तुमसे भेंट होने के बाद मैंने जाना कि तुम कचहरी आए थे। बस, गुस्से में मैंने जमीन के कागज़ात फाड़कर फेंक दिये।"

उस दिन दोनों मित्र बड़ी देर तक साथ बैठे रहे। पश्चात्ताप के जल ने दोनों के मन को निर्मल कर दिया।

दूसरे दिन दोनों कचहरी गए। जमीन खरीदी गई। विशाल लाइब्रेरी बनी।

अभी भी बच्चे का यह भव्य स्मारक खड़ा है।

परन्तु इसके पीछे मनुष्य की करुणा और क्रूरता, उदारता और कृपणता, स्नेह और घृणा के ईंट-गारे से बना हुआ जो स्मारक खड़ा है, उसे कौन देख पाता है?

तीन सयाने

एक गाँव में तीन सयाने रहते थे। लोग कहते थे कि गाँव वालों की घोर तपस्या के फलस्वरूप उन्हें ये तीन सयाने मिले थे। वे वहाँ कब से थे, कोई नहीं जानता था। अनेक पीढ़ियाँ उन्हें उसी रूप में देखती आ रही थीं। गाँव की सुख-समृद्धि का कारण वे ही कहे जाते थे।

उनमें एक स्त्री थी; और दो पुरुष।

स्त्री का नाम था : 'कला'।

शुभ्र वस्त्रों से सज्जित, सौम्य रूपवाली इस नारी के नयनों से सरल स्नेह झरता था; मंगल की वर्षा होती थी। उसकी दृष्टि पड़ते ही कुसुम खिल जाते, पत्ते लहराने लगते, उषा का सौन्दर्य बढ़ जाता; संध्या में अधिक गाढ़ा रंग भर जाता और चन्द्रिका अधिक स्निग्ध, अधिक उज्ज्वल हो जाती। प्रातःकाल वीणा पर भैरवी के स्वर छेड़कर वह ग्रामवासियों को जगाती। उनकी आँख मधुर संगीत के बीच खुलती। संगीत की धुन पर कदम बढ़ाते, गीत गाते ग्रामीण जन काम पर जाते और जब वे काम करते, तो समस्त दिशाओं से संगीत उठता और

उसकी ताल पर हँसिये चलते, करघे खटखटाते, हथौड़े गिरते और चरखे घूमते। संध्या समय कला नृत्य-गान और नाट्य से ग्रामवासियों का समस्त श्रम हर लेती। अद्भुत आनन्द, उत्साह, आशा और माधुर्य का स्रोत उस ग्राम में बहता।

दूसरा था एक वृद्ध पुरुष : 'धर्म'।

श्वेत लम्बी दाढ़ी और लम्बे गेरुए कोपीन में वह दिव्य लगता। उसकी दृष्टि में बड़ी पवित्रता, बड़ी करुणा, बड़ा वात्सल्य, बड़ी संवेदना थी। वह भ्रातृत्व, स्नेह, त्याग और परोपकार की ओर ग्रामवासियों को प्रेरित करता। वह उन्हें सत्-असत् का बोध कराता, उलझनें हल करता, द्वन्द्वों को सुलझाता। उसके प्रभाव से ग्रामवासी ईर्ष्या, द्वेष, घृणा और प्रतिहिंसा से मुक्त हो गए थे।

तीसरा एक बलिष्ट पुरुष था : 'विज्ञान'।

अद्भुत बल और सिद्धियों से युक्त यह पुरुष अन्धा था। वह स्वयं मार्ग नहीं देख सकता था, इसलिए वह कला और धर्म का अनुगामी था। उसके मन में इच्छा जागृत नहीं होती थी। वह सदैव दूसरे की इच्छा से परिचालित होता था। उसके पास अद्भुत मंत्र थे। संध्या समय वह एक मंत्र से सारे गाँव को जगमगा देता। मंत्रों से मनुष्य पक्षी-सा उड़ता, दिव्य दृष्टि प्राप्त कर सहस्रों योजनों के दृश्य देखता, सहस्रों योजनों के शब्द सुनता। वह ग्रामवासियों को सुख-साधन देता, उनका श्रम कम करता, अच्छे औजार देता।

ये तीनों गाँव में विचरण करते और उनके दर्शन-मात्र से ग्रामवासी उल्लसित हो उठते। उनकी आज्ञा सारा गाँव मानता। लोग किसी अन्य देवता या भगवान को नहीं जानते थे। वह सुखी गाँव स्वर्ग से भी श्रेष्ठ था, क्योंकि देवताओं जैसी निष्क्रियता, ईर्ष्या, द्वेष और शंका वहाँ न थी। सब श्रम करते और सब सुखी रहते।

एक दिन इन सयानों के पास एक रूपवती तरुणी आई। उसका नाम था : 'राजनीति'। उसके वस्त्र चटकदार थे। साज-सज्जा में बड़ा तीव्र आकर्षण था। वेशभूषा में कृत्रिमता और भड़कीलापन था। आँखों में मद, गति में अल्हड़ता और मुख पर उत्कट लालसा थी। उसके समस्त व्यक्तित्व से मद, विलास और सत्ता टपकते थे।

उसने उन तीन सयानों को प्रणाम किया और बोली, "दिव्य आत्माओ, मैं आप लोगों का यश सुनकर आपके पास आई हूँ। मेरी इच्छा है कि मैं आपके साथ रहकर आप लोगों की सेवा करूँ।"

धर्म ने कहा, "देवी, हम सब मनुष्य के सेवक हैं, और जो सेवक हैं, वे दूसरों से क्या सेवा लें?"

राजनीति ने कहा, "तो मैं भी आपके साथ ही ग्रामवासियों की सेवा करूँगी। मेरे पास भी कुछ विद्या है। मैं व्यवस्था देती हूँ; नीति-नियम बनाती हूँ, राजतंत्र जानती हूँ।"

धर्म ने कहा, "सो यहाँ कौन नहीं जानता? श्रम करके जीना और दूसरे का मंगल साधना, इसके बाहर क्या व्यवस्था? और क्या नीति-नियम?"

कला ने कहा, "परन्तु बहिन, तुम सेवा के लिए नहीं बनीं। तुम्हारे नयनों में लालसा है। चाल में मद और सत्ता है। भाव-भंगिमा में चंचलता है। कटाक्ष में कुटिलता है। वाणी में प्रवंचना है। तुम सुख-भोग के लिए बनी हो। सेवा तो त्याग का मार्ग है। तुम तो किसी ऐश्वर्यशाली के हृदय पर राज करने के लिए बनी हो। तुम सेवा में मिट नहीं सकतीं।"

विज्ञान ने कहा, "मैं देख नहीं सकता, पर अनुभव कर रहा हूँ कि इसकी वाणी में बड़ी माया है। नहीं देवि, हमारा-तुम्हारा साथ नहीं बनेगा।"

राजनीति ने अब रुदन का नाट्य किया। उसकी आँखों से टप-टप आँसू टपकने लगे। सिसकियाँ उठने लगीं। वह बोली, "मेरे जीवन की एकमात्र अभिलाषा थी, वह भी पूरी नहीं हो रही है। मैं केवल सेवा का अधिकार माँगती हूँ, पर देखती हूँ कि आप लोगों ने सेवा को भी सम्पत्ति बना लिया है। एकाधिकार स्थापित कर लिया है।"

धर्म ने कहा, "तू भ्रम में है देवी। सेवा के मार्ग का आदि-अन्त नहीं है। इस पर किसी का अधिकार नहीं है। इसमें संघर्ष भी नहीं है। पर इस पर फूल नहीं बिछे हैं। काँटे अलबत्ता मिलते हैं। तेरे कोमल चरणों को ही देखकर हमने कहा था कि कहीं सेवा का मार्ग तेरे इन कोमल चरणों के रक्त से न भर जाए। तू सह सकेगी? तो फिर रह जा।"

दूसरे दिन से ग्राम में कला, धर्म और विज्ञान के पीछे राजनीति भी चलने लगी। पर वह आँख बचाकर ग्रामीणों को कटाक्ष से वशीभूत करने का प्रयास करती। रूप के जादू से उन्हें विजित करना चाहती।

उसमें महत्त्वाकांक्षा थी, वैभव की लालसा थी, भोग का लोभ था, सत्ता का मोह था। उसे लगा कि इतनी रूपवती होकर भी उसकी स्थिति इन तीनों की अनुगामिनी सेविका से अधिक कुछ नहीं है।

उसने धीरे-धीरे प्रपंच रचना आरम्भ किया। रूप की मोहिनी डाली। ग्रामवासियों की कृपा प्राप्त की, और एक दिन वह रानी बन गई।

तीन सयानों ने समाचार सुना, तो बोले, "वह रानी बन गई? अच्छा ही हुआ। पर हमें पहली बार ज्ञात हुआ कि यहाँ कोई राजसत्ता भी है।"

*

दिन बीतते गए। राजनीति रानी महल में रहती, पर उसके अधिकारों की परिधि राजमहल से बाहर नहीं जाती। धर्म, कला और विज्ञान के सामने उसका वही हाल था, जो सूर्य के उदय के समय हत्तेज चन्द्र का होता है।

उसने फिर कूटनीति का प्रयोग किया। एक दिन एक दूत आकर तीन सयानों से बोला, "महात्मन्, राजरानी ने आपको महल में आमंत्रित किया है। वे आपका अभिनन्दन करना चाहती हैं।"

कला ने कहा, "भाई, हम तो जन-पथ पर विचरण करने वाले हैं। हमें राजमहल से क्या काम? फिर हम सेवा-व्रती हैं, और सेवा स्वयं ही बड़ा अभिनन्दन है।"

दूत ने कहा, "रानी जी आपकी पुरानी सेविका हैं। उनकी कर-बद्ध प्रार्थना है कि आप चरण-रज से उनके महल को पवित्र करें।"

धर्म ने कला से कहा, "देवि, सेवक का आग्रह टाला नहीं जाता। चलो, चलें।"

धर्म, कला और विज्ञान राजमहल में गए। वहाँ राजनीति का षड्यंत्र तैयार था। वे तीनों बन्दी कर लिये गए और एक दृढ़, किन्तु सुख-साधन-सम्पन्न कारावास में बन्द कर दिये गए।

उस दिन से धर्म, कला और विज्ञान राजमहल में राजनीति के बन्दी हो गए। बाहर जन-समाज अकुलाया, अधीर हुआ। वे तीनों उसके पथ-प्रदर्शक थे। साँस की तरह उनके जीवन के आधार थे। उनके प्राणों के प्राण थे। ग्रामवासी राजमहल के सामने एकत्र हुए और चिल्लाए :

'हमारी कला को मुक्त करो!'

'हमारा धर्म हमें दो!!'

'हमारा विज्ञान हमें लौटाओ!!!'

राजनीति महल के छज्जे पर आ गई और बोली, "नागरिको, मैं भी उन सयानों की सेविका हूँ। मैंने सबके हित की बात ही की है। कला, धर्म और विज्ञान को मैंने बड़े आराम से अतिथि के रूप में राजमहल में रखा है। जन-पथों पर चलते-चलते वे थक गए हैं; कुछ दिन विश्राम करेंगे तो क्लान्ति मिट जाएगी।"

भीड़ भ्रमित-सी लौट गई।

दूसरे दिन फिर जन-समूह वहाँ एकत्र हुआ। लोग चिल्लाए, "हमने अपनी कला की वाणी नहीं सुनी। हमने धर्म के दर्शन नहीं किये। हमने विज्ञान नहीं देखा। हमारा जीवन रिक्त मालूम होता है। हमारे देवता हमें लौटाओ।"

राजनीति ने कहा, "नागरिको, वे विश्राम कर रहे हैं। उन्हें कष्ट मत दो। तुम्हें उनकी वाणी, उनका सन्देश राजसेवक सुनाएँगे।"

और राजसेवकों ने कला की वाणी सुनाई—गीत, जिनमें वासना, निराशा, अहंकार, शून्य कल्पना, पराजित भावना।

धर्म का सन्देश सुनाया—जिसमें पाखंड, आडम्बर, स्वार्थ, घृणा और अहंकार।

विज्ञान का सन्देश कहा—वीरता के नाम पर विध्वंस, प्रतिहिंसा, संहार।

जनसमूह असन्तुष्ट हुआ। वह चिल्लाया, "यह हमारी कला की वाणी नहीं है। हमारे धर्म ने ऐसा कभी नहीं कहा। हमारे विज्ञान ने विध्वंस कभी नहीं सिखाया। हमारी सभी कला हमें दो। हमारा वास्तविक धर्म हमारे बीच आने दो। हमारा सच्चा विज्ञान मुक्त करो।"

रानी उस पुकार को अनसुनी करके चली गई।

*

इधर कारावास में धर्म ने विज्ञान से कहा, "भाई, तुम इतने बलशाली हो। तुम तो एक मंत्र से कारागार को ध्वस्त कर सकते हो।"

विज्ञान ने उत्तर दिया, "महात्मन्, मैं तो शापित शक्ति हूँ। मैं स्वयं में शून्य हूँ। निष्क्रिय हूँ। जिसका मुझ पर अधिकार होता है, उसी की इच्छा से परिचालित होता हूँ। पहिले आप लोगों के अधिकार में था और अब दुष्टा राजनीति के अधिकार में हूँ। इसीलिए उसी की इच्छा से चलूँगा।"

राजनीति ने अपनी योजना चालू रखी। उसने समाज की स्वतंत्र चिन्ता को समाप्त किया। उसमें निष्क्रियता, भोग-लालसा भरी। निराशा में आनन्द लेना सिखाया। देशभक्ति के नाम पर प्रतिहिंसा और घृणा सिखाई। हत्या को वीरता बताया। स्वार्थ और लोभ को मनुष्यता बताया।

एक दिन उसने ग्रामवासियों से कहा, "तुम्हारा जीवन अत्यन्त दरिद्र है। जिसे तुम सन्तोष कहते हो, वह तुम्हारी पराजित भावना है। जिसे त्याग कहते हो, वह तुम्हारी असमर्थता है। जिसे शान्ति कहते हो, वह तुम्हारी निष्क्रियता है। देखो, उस पास के ग्राम में सोने की खानें हैं। वहाँ के निवासियों के घरों में सोना भरा है। तुम उस पर आक्रमण करो, उसे विजित करो और सब स्वर्ण लाकर अपने घरों में भर लो।"

लोगों ने कहा, "परन्तु दूसरे का भाग छीनना तो उचित नहीं है।"

राजनीति ने कहा, "तुम मूर्ख हो। वह किसका भाग है? जो छीन सके, उसी का भाग होता है। छीनो, नहीं तो जो तुम्हारे पास है, वह भी कोई छीन लेगा।"

भ्रमित भीड़ ने पूछा, "पर उस ग्राम के वासी बड़े शक्तिवान हैं। उन्हें हम कैसे जीत पावेंगे?"

राजनीति ने कहा, "हमारे हाथ में विज्ञान है। उसके एक मंत्र से सारा गाँव नष्ट हो जावेगा।"

दुविधा-भरे ग्रामवासी मैदान में एकत्र हुए। कुछ कहते, "यह अनुचित है।"

कुछ कहते, "हम तो कुछ समझने-बूझने लायक रह ही नहीं गए। हमें कुछ नहीं सूझता। अब तो जहाँ वह ले जाए, वहीं जाना होगा।"

राजनीति ने विज्ञान का मुख उस ग्राम की ओर करके आदेश दिया, "विध्वंस का मंत्र पढ़ो!"

विज्ञान ने विध्वंस-मंत्र पढ़ा और उस ग्राम पर अग्नि की बरसा हुई, तप्त लौह बरसा, शूल बरसे। ग्रामवासी जब वहाँ पहुँचे तो उन्होंने अग्नि में तपे हुए सोने की दमक के ऊपर मानव-रक्त का लेप देखा। सर्वत्र चीत्कार सुनाई पड़ा। शव, कटे सिर, धड़, भूमि पर बिखरे दिखे। स्वर्ण-राशि और मानव-रक्त एक साथ देखकर उनके मन में फिर द्वन्द्व आरम्भ हुआ।

वे बहुत क्षुब्ध मन से वहाँ से लौटे। दो-चार मुखिया उस कारावास के पीछे की ओर गए, जिसमें धर्म, कला और विज्ञान बन्दी थे। वहाँ उन्होंने उनकी एक झलक देखी। ग्रामीणों को देखकर वे खिड़की के पास आए। ग्रामीण जनों ने सारी घटना बतलाकर कहा, "महात्माओ, हमें बताओ, हम क्या करें? वहाँ रक्त की नदी बह रही है। क्रन्दन से आकाश भर गया है। पर वह सारा स्वर्ण हमारा हो गया है। क्या हम ले आवें? क्या यह उचित हुआ?"

कला और धर्म ने कहा, "तुम सब हिंसक पशु हो गए हो। स्वर्ण को मनुष्य जीवन से तौलने लगे हो। तुम मनुष्य के शव पर हेम-मन्दिर निर्मित करने लगे हो। तुम धरा को जल के बदले मानव-रक्त से सींचने लगे हो। तुम कैसे हो गए हो?"

ग्रामीण बोले, "देव, हम स्वयं नहीं जानते, हम कैसे हो गए हैं! हमें अपने स्वरूप का ज्ञान ही नहीं रहा। हम यह भी भूल गए कि हम क्या थे! हमें आप लोग मार्ग सुझाइए। आप बाहर आइए।"

"पर हम तो बन्दी हैं," कला ने कहा।

वे बोले, "आप अलौकिक शक्ति-सम्पन्न हैं। यह कारागार आपके लिए तृण के समान है। आपमें अतुल शक्ति है।"

धर्म और कला ने कहा, "तुम भूलते हो। यथार्थ शक्ति तो तुम्हारे पास है। तुम्हारे पास जनशक्ति का समुद्र है। हम तो उसमें उठने वाली तरंगें मात्र हैं। तुम क्षुब्ध हो जाओ, आन्दोलित हो जाओ, तुम अजेय हो जाओगे। पर अभी तो तुम भी बन्दी हो; हम भी बन्दी हैं। हम कारावास के भीतर बन्दी हैं, तुम कारावास के बाहर बन्दी हो। हमारा केवल शरीर बन्दी है, तुम्हारा केवल शरीर मुक्त है। तुम्हारे चिन्तन, विचार, भावनाएँ, विश्वास, श्रद्धा—सबके पैरों में बेड़ियाँ पड़ी हैं। पहले तुम मुक्त हो जाओ, फिर हमें मुक्त करना।"

ग्रामीणों ने विस्फारित नेत्रों से सयानों की ओर देखा और बोले, "तो हम क्या करें? कैसे मुक्त हों?"

सयानों ने कहा, "खून से धोया हुआ स्वर्ण कदापि ग्रहणीय नहीं है। जिसने तुम्हें बर्बर बना दिया है और जिसने उस ग्राम के निवासियों का संहार करा दिया है, उसने तुम्हें असहाय पशु की तरह बाँध रखा है। स्वर्ण लूटने जाने वाली भीड़ को राजमहल की ओर मोड़ो और सबसे पहिले उस दुष्टा राजशक्ति पर आधिपत्य प्राप्त करो। तब तुम मुक्त हो जाओगे।"

ग्रामीण चले गए। और उस दिन संध्या को ग्राम का समस्त जन-समाज मुक्ति के गाने गाता हुआ, मानवता का जयघोष करता हुआ, राजमहल के सामने एकत्र हुआ।

राजनीति ने जनशक्ति के इस प्रबल प्रवाह को देखा, तो उसके पाँव काँपे, पर उसने अन्तिम कुटिल प्रयास किया। उसने लोभ दिखाया, क्षमा-याचना की, झूठी प्रतिज्ञा की, रोई, गिड़गिड़ाई, पर अन्त में अपने ही द्वारा निर्मित प्रासाद में वह बन्दिनी हुई।

कारागार के द्वार टूटे और बाहर जनपथ पर आए—मनुष्य की सच्ची कला, धर्म, और विज्ञान!

खाली मकान

सावित्री देवी की यह मजबूरी ही थी कि वे 'वकीलन' कहलाती थीं। यह मजबूरी हिन्दी व्याकरण के उन निगोड़े नियमों का परिणाम थी, जिनके अनुसार सेठ से शादी होते ही स्त्री 'सिठानी' कहलाने लगती है और पंडित की पत्नी बेकसूर 'पंडिताइन' बन जाती है। ये नियम न होते तो सावित्री देवी वकील साहब को ही 'सत्यवान' कहलवा लेतीं—ऐसी प्रबला अबला थीं वे!

वकील साहब की आमदनी खूब थी। वे एक बड़े बँगले में रहते थे, जिसके भीतर सावित्री देवी का अखंड राज था। पहले वकील साहब बँगले के एक कमरे में ही बैठते थे, वहीं उनका दफ्तर था। उसी के पास के कमरे में वकीलन पूजा करती थीं। दो-तीन घंटे सुबह खूब जोर से स्तुति गातीं और शंख-घड़ियाल बजातीं। वही समय वकील साहब का मुवक्किलों से मिलने का था। जब उन्होंने देखा कि वकीलन के परोक्ष भगवान की स्तुति के स्वरों में उनके इन प्रत्यक्ष देवताओं का स्वर डूबने लगा है, तब उन्होंने फाटक के पास

ही दफ्तर बनवाया और वहीं बैठने लगे! सावित्री देवी को वैसी ही शान्ति मिली, जैसी पुर्तगालियों के गोवा छोड़ देने पर भारत सरकार को मिलेगी।

सावित्री देवी को घर में कुछ काम नहीं था, इसलिए उन्हें वे दो काम करने का समय मिल जाता था, जिनके लिए गृह-देवियाँ अक्सर समय नहीं निकाल पातीं। वे सबेरे दो-तीन घंटे देव-पूजा कर लेती थीं और दोपहर को अपने बरामदे में मुहल्ले की स्त्रियों की पंचायत जोड़ लेती थीं जिसमें दो-तीन घंटे तक हाजिर की प्रशंसा और गैरहाजिर की निन्दा होती थी। यहाँ एक काम और होता था—बदनामियों का कारखाना खुला था, जिसमें रोज अच्छे किस्म का माल बनकर समाज में मुफ्त बँटता था। लोग अपना कच्चा माल यहाँ सौंप जाते और दूसरे दिन उसका बढ़िया पक्का माल बनकर बँटने लगता। जैसे किसी ने आकर यहाँ सूचना दी कि फलाँ स्त्री फलाँ पुरुष से बात कर रही थी—यह कच्चा माल हुआ। पक्का माल बनकर जो बँटेगा, वह यह होगा कि वह स्त्री उस पुरुष के साथ भाग गई।

जैसे आँधी के निकल जाने के बाद चिड़ियाँ अपने-अपने घोंसलों से निकलकर जमीन पर फुदकने लगती हैं, वैसे ही पतियों के दफ्तर चले जाने के बाद मुहल्ले की स्त्रियाँ वकीलन के बरामदे में आ इकट्ठी होतीं और दो-तीन घंटे यह दरबार आबाद होता।

नियमित रूप से आने वाली थीं—पड़ोसी वकील रघुनन्दन की दूसरे विवाह की पत्नी कमला, जो अपनी अल्हड़ता को बरबस पति की चालीस साल की प्रौढ़ता की चादर से ढाँकने का असफल प्रयत्न करती थी। दूसरी थी, जिला कचहरी के बड़े बाबू प्यारेलाल की पत्नी सुभद्रा, जिसके पाँच बच्चे थे, और! खैर, फिलहाल पाँच ही थे। इनमें से तीन माता के सिर पर तांडव नृत्य करते इस दरबार में साथ ही पधारते

थे। कौशल्या सिठानी थी, जिसके पतिव्रत धर्म की चर्चा सारे मुहल्ले में दबी जबान होती थी। और जमना कहारिन भी थी, जो इन सबके घर में काम करती थी।

एक दिन इस महिला-मंडल में बड़ी उत्तेजना व्याप्त थी। कारण था, एक छोटा-सा पत्र जो थोड़ी देर पहिले एक आदमी वकीलन को दे गया था। पत्र का मज़मून यह था :

प्रिय बहिन,

मैं आपसे एक जरूरी काम से मिलना चाहती हूँ। मैं आज लगभग तीन बजे आपके बँगले पर आऊँगी। आशा है, आप उस समय मिलने की सुविधा कर सकेंगी।

आपकी बहिन,
भुवनमोहिनी वर्मा

इस पत्र ने बड़ी हलचल मचा दी थी। सावित्री देवी कह रही थीं, "न जाने किस काम से मिलना चाहती है! मैं तो ऐसी कुलटा का मुँह देखना भी पाप समझती हूँ।"

कमला ने कहा, "यह वही भुवनमोहिनी है न, जिसने बाबू नरेन्द्र कुमार वर्मा से मुकदमा लड़कर अपने और बेटे के लिए परवरिश ले ली है?"

सावित्री ने कहा, "हाँ, हाँ, वही है। हमारे यहाँ 'उन्होंने' ही तो उसका 'केस' लड़ा था। न जाने कहाँ से आई और बेचारे नरेन्द्र कुमार बाबू पर जादू-सा कर दिया! लड़का हो गया, तो दावा कर दिया।"

कौशल्या सिठानी ने घृणा से कहा, "ऐसी स्त्री का तो मुँह भी नहीं देखना चाहिए। देखो भला, ब्याहता पति को तो त्याग दिया और

दूसरे के घर आकर पड़ गई। जैसे पति भी कोई कपड़ा हो—एक छोड़ा, दूसरा पहिन लिया!"

जमना कहारिन ने कहा, "लेकिन बाई, सुनते हैं, उसका ब्याहता 'घरवाला' उसे बहुत पीटता था। शराबी-जुआड़ी था; इसलिए इसने छोड़ दिया।"

सिठानी बोली, "अरी, कैसा भी हो! मगर स्त्री का क्या यह धरम है कि छोड़कर चली जाए? इसे तो देखो, किस ठाठ से नाम के आगे 'वर्मा' लगाती है, जैसे वर्मा साहब के साथ सात फेरे फिरे हों!"

जमना फिर बोली, "बाई, वह कहती है कि उसका वर्मा साहब से विवाह हो गया है। भगवान के सामने उसका हाथ पकड़कर वर्मा साहब ने कसम खाई थी। फिर जब लड़का हो गया, तो परवरिश करने में भी अनाकानी करने लगे। बस, इसने नालिश कर दी। बेचारी गरीब, अपना और बेटे का पेट कैसे भरती?"

कौशल्या के पास उत्तर नहीं था। बात पलटी, "मगर ये आदमी भी कैसे होते हैं! भला, वर्मा साहब को किस बात की कमी थी! अच्छी स्त्री, सुन्दर बाल-बच्चे, लाखों की आमदनी—लेकिन इस चुड़ैल के चक्कर में आ गए।"

कमला अपने अनुभव के अधार पर ही बोली, "बहिनजी, आदमियों का स्वभाव ही ऐसा होता है। घर का गंगाजल नहीं पिएँगे; दूसरे के नाबदान में मुँह डालते फिरेंगे।"

सुभद्रा बोली, "कमला, तू तो अभी लड़की ही है, तू क्या जाने! देख, सब आदमी एक जैसे नहीं होते। हमारे यहाँ मुन्ना के बाबूजी भी तो आदमी ही हैं। किसी की तरफ आँख उठाकर नहीं देखते। परी भी सामने से निकले, तो भी गर्दन ऊँची नहीं करते।"

पतियों का प्रसंग चल पड़ा, तो कोई भी पीछे नहीं रहना चाहती थीं। सुभद्रा की बात सुनकर सावित्री ने भी पति के शील की गीता खोलीं। बोलीं, "हमारे यहाँ वकील साहब भी कभी गलत राह नहीं जाते। घर से कचहरी और कचहरी से घर। न किसी के हँसी-मजाक से मतलब, न यहाँ-वहाँ की घुमाई से। परी भी आकर खड़ी हो जाए, तो आँखें उठाकर नहीं देखेंगे। हमारे पड़ोस के उस मकान में, ऊपर के खंड में, एक कोई आ बसी थी। बड़े बनाव-सिंगार से रहती। वकील साहब का कमरा सामने ही पड़ता है। ये ऊपर पहुँचते, कि वह खिड़की पर आकर खड़ी हो जाती। एक दिन वे ही मुझसे बोले कि कमरे की इस तरफ वाली खिड़की बन्द ही रखो। वह अच्छी औरत नहीं मालूम होती।" वकीलन ने गर्व से सबकी ओर देखा और तनिक सकुचाकर बोलीं, "कचहरी से सीधे घर आते हैं। इधर कुछ दिनों से रामकृष्ण आश्रम जाने लगे हैं। कचहरी से लौटते वक्त रास्ते में एकाध घंटे रामकृष्ण आश्रम में ज्ञान-चर्चा करते हैं, और दीन-दुखियों की सेवा करते हैं।"

सिठानी ने पूछा, "इस आश्रम में कोई ऋषि-मुनि रहते होंगे?"

सावित्री ने कहा, "नहीं, यह वैसा आश्रम नहीं है। रामकृष्ण परमहंस एक बड़े संत हो गए हैं। उन्हीं के नाम से जगह-जगह आश्रम खुले हैं, जिनमें ज्ञान-चर्चा होती है और दीन-दुखियों की सेवा होती है। वकील साहब कचहरी से लौटते में एकाध घंटा वहाँ बैठते हैं। कहते हैं कि वहाँ मन को बड़ी शान्ति मिलती है।"

वकीलन ने घड़ी की ओर देखा और बोलीं, "लो, अढ़ाई बज गए। वह आती ही होगी। मैं जरा कपड़े बदल डालूँ।"

कौशल्या बोली, "हाँ, वकीलन बहिन, कपड़े जरूर बदल डालो। सुना है, उसे अपने रूप का बड़ा गर्व है।"

सावित्री भीतर गईं। थोड़ी देर बाद सुन्दर वस्त्राभूषणों से सजकर बाहर आईं और लजाती हुई बैठ गईं।

सिठानी बोली, "क्या रूप पाया है, तुमने बहिन! मेरी कसम, आँख नहीं ठहरती। ज्यों-ज्यों उमर बढ़ती जाती है, रूप निखरता ही जाता है!"

सावित्री ने लजाते हुए प्रशंसा स्वीकार की। फिर पान का बीड़ा मुँह में दबाती हुई जमना से बोलीं, "देख जमना, एक चटाई लाकर उधर दूर बिछा दे। मैं उसे इस दरी पर नहीं बिठाऊँगी। सब घर को छूत नहीं लगाऊँगी।"

जमना ने चटाई बिछा दी।

ठीक तीन बजे भुवनमोहिनी छटा बिखेरती आ पहुँची। वह वास्तव में भुवनमोहिनी थी। मोहक रूप और उस पर सुरुचिपूर्ण सुन्दर वस्त्र—किसी तपस्वी का तप भंग करना होता तो नारद भी इन्द्र को सलाह देते कि लाखों वर्षों की बूढ़ी उर्वशी और मेनका के बदले भुवनमोहिनी को ही भेजो।

उसे देखते ही सावित्री देवी के मुख और वस्त्रों का रंग एक साथ ही उड़ गया। उसकी सहज स्वाभाविक चाल में बड़ी निर्भयता थी। मुख पर आत्मविश्वास था। वह निःसंकोच भाव से आकर सावित्री देवी के ठीक बगल में बैठ गई। शेष स्त्रियाँ उठकर उस चटाई पर बैठ गईं।

सामान्य बातचीत के बाद वह बोली, "बहिन जी, मैंने आपको इसलिए कष्ट दिया कि मुझे एक अच्छा-सा मकान चाहिए। आपके मकान का एक हिस्सा खाली है। अगर आप मुझे किराए पर दे दें तो बड़ी कृपा हो।"

सावित्री देवी यह सुनकर चकित हो गईं। मकान का एक हिस्सा उन्होंने तीन-चार दिन पहिले खाली कराया था। उसमें भरा हुआ पुराना

सामान एक अलग कमरे में रखवा दिया था। पति-पत्नी ने सोचा कि इतना बड़ा मकान खाली पड़ा है, किसी भले आदमी को दे देंगे, तो पड़ोस हो जाएगा और कुछ आमदनी भी हो जाएगी। उन लोगों ने इस बात की चर्चा किसी से नहीं की थी। उनकी बैठक में रोज बैठने वाली उन स्त्रियों को भी अभी तक इस योजना का आभास नहीं हुआ था। वकीलन सोचने लगीं कि इस भुवनमोहिनी के पास क्या कोई जादू है कि लोगों के मन की बात जान लेती है?

उन्होंने कहा, "ऐसा तो हमारा कोई इरादा नहीं है। हमने आज तक मकान किराए से नहीं दिया। भगवान की दया से हमें कोई कमी नहीं है, जो मकान किराए पर उठावें।"

भुवनमोहिनी बोली, "भला, आपको क्या कमी है? वकील साहिब सरीखी 'प्रैक्टिस' तो शहर में किसी की नहीं है। फिर भी एक हिस्सा आपने खाली कराया है। उसे किसी को तो देंगी ही। मुझे ही दे दें।"

सावित्री को और परेशानी हुई, कुछ चिढ़कर बोलीं, "किसने कहा आपसे, कि हमें मकान किराए से देना है? बड़ी मुसीबत है! हमारे मुँह से बात तो निकली नहीं है, और आप लेने आ पहुँचीं!"

भुवनमोहिनी बड़ी दीनता से बोली, "आपकी मर्जी है। मैं तो बड़ी दुखिया हूँ। सोचती थी कि आप जैसे लोगों के पड़ोस में रहूँगी, तो बच्चे को पढ़ाकर किसी योग्य बना दूँगी! लेकिन आप शायद मुझे मकान देना नहीं चाहतीं। मैं बुरी हूँ न!"

सावित्री देवी इस विनय से कुछ नरम पड़ीं। बोलीं, "नहीं-नहीं, ऐसी बात नहीं है। हम तो, जो किराया देगा, उसी को मकान देंगे।" असावधानी में यह बात उनके मुख से निकल गई।

भुवनमोहनी को पैर जमाने के लिए आधार मिल गया। तुरन्त बोली, "तो आखिर कितना किराया रखा है आपने उसका?"

मकान का वह छोटा हिस्सा मुश्किल से चालीस रुपये किराए का होगा। पर सावित्री ने सोचा कि यह बड़ी सम्पन्न बनती है, इसकी परीक्षा ही हो जाए। और शायद इतना किराया सुनकर वह खुद नाहीं कर दे, तो झंझट ही मिट जाए। इसलिए उन्होंने दुगुना करके बताया, "अस्सी रुपये से क्या कम होगा!"

भुवनमोहनी ने एकदम बटुए में से सौ रुपये का नोट निकाला और उनके हाथ में देती हुई बोली, "कोई बहुत नहीं। यह लीजिए एडवांस। मैं दो-चार दिन में यहाँ आ जाऊँगी।"

सावित्री चकित खड़ी रहीं। उन्हें इसकी उम्मीद बिलकुल नहीं थी। इस स्थिति के लिए वे तैयार नहीं थीं। उन्हें मुँहमाँगा दुगुना किराया मिल रहा था। अब उनसे लौटाते नहीं बनता था। फिर अस्सी रुपयों का लोभ भी उन पर सवार हुआ। लेकिन यह स्त्री उन्हें बहुत बुरी लगती थी। वे उसे पड़ोस में नहीं रहने देना चाहती थीं। भला कौन कुल-वधू रूपवती पड़ोसिन चाहेगी? परन्तु उन पर जैसे जादू हो गया था। उन्होंने धीरे से कहा, "अच्छा, ठीक है।"

नोट उनके हाथ में लटक रहा था। वे बड़ी परेशान थीं कि यह क्या हो गया। सबसे अचरज की बात उन्हें यह लग रही थी कि इसने मकान किराए से देने की बात कैसे जानी? वे बोलीं, "तुम बड़ी अद्‌भुत हो बहिन! तुमने कैसे जान लिया कि हमें यह हिस्सा किराए से देना है? सच बताना, तुम्हें कसम है।"

भुवनमोहनी ने सहज ही कह दिया, "कल वकील साहिब ही ने जिक्र किया था।"

सावित्री जैसे आसमान से गिरीं। बड़ी देर तक वे आँखें फाड़े चेतनाहीन-सी खड़ी रहीं। फिर टूटते हुए स्वर में पूछा, "वे तुम्हें कहाँ मिल गए?"

भुवनमोहनी ने उसी तरह निःस्संकोच भाव से कहा, "वे मुझ अभागिन पर बड़े कृपालु हैं। वे न होते तो मैं यह मुकदमा कैसे जीतती? वे आजकल कचहरी से लौटते वक्त मेरे यहाँ आ जाते हैं, चाय वहीं पीते हैं। एकाध घंटा बैठते हैं। देवता-पुरुष हैं।"

अनुभव-दरिद्र कमला ने चौंककर कहा, "लेकिन वे तो कहते हैं कि रामकृष्ण आश्रम..."

सावित्री ने आँख तरेरकर कमला को चुप किया।

भुवनमोहिनी चली गई। सावित्री न जाने कब तक उसी तरह मूर्तिवत्, नोट हाथ में लिये खड़ी रहीं। उनकी सब पड़ोसिनें एक-एक कर खिसक गईं।

*

भुवनमोहिनी अब कहाँ रहती है? जी, वह बेचारी अपने उसी पुराने मकान में रहती है।

जागरण

प्रयोजन बताने के बाद अब कथा को रोक रखना ठीक नहीं। इसलिए अब मेरी कथा का सूर्य पूर्वाकाश के उस नियमित सूर्य के आसपास ही उदित होता है। लोग अक्सर सूर्योदय से जागरण का सम्बन्ध मानते हैं। सूर्योदय के साथ ही वे जाग उठते हैं, ऐसा मैंने अनेक लोगों को गर्वपूर्वक कहते सुना है। मैं सूर्य की इस अनुगामिता का क़ायल नहीं। सूर्य अलग उठेगा; हम अलग उठेंगे। कभी अगर सूर्य की इच्छा हो तो हमारे जागरण से अपना उदय मिला ले। मैं प्रात:काल कब जागा, कह नहीं सकता। मैं कभी नहीं जानता, कब जागता हूँ। मेरा जगाने वाला जगा जाता है; मैं जाग जाता हूँ। जगाने वाले भी कई तरह के होते हैं। हमारी पड़ोसिन बुढ़िया धुँधलके में उठकर 'जागिए गोपल लाल पंछी बन बोले' गाकर अपने भगवान को जगाती थी। पता नहीं, उसके भगवान कभी जागे या नहीं, पर एक दिन वह स्वयं ऐसी सोई कि भगवान के जगाए भी नहीं जागी। राजा-महाराजाओं की नींद सुन्दरियों के कर-पल्लव से झंकृत सितार के भैरवी के स्वर से टूटती थी। वनवासी की आँख

पक्षियों के कलरव से खुल जाती है। हम लोगों के पास इनमें से कोई साधन नहीं। शहर में रहनेवाले अधिकांश लोगों की नींद कारखानों के भद्दे भोंपुओं की गर्जन से खुलती है। और कैसा अन्तर है! वीणा के स्वर में और पक्षियों के कलरव में आशा है, उमंग है; भोंपू के भीषण अट्टहास में शोषण के दानव की ललकार है। वह आमंत्रण है आग की भट्ठी का लोहे को; वह चक्की का आमंत्रण है गेहूँ को; वह कोल्हू का आमंत्रण है बैल को। जी हाँ, वह कारखाने का आमंत्रण है मजदूर को। भोंपू की आवाज से भरभराकर, अकचकाकर जब ये मजदूर उठकर, हाथ में मैले कपड़े में बँधी रोटी लटकाए अधखुली आँखों से, कारखाने की ओर दौड़ते हुए, मेरी खिड़की में से दिखते हैं, तो मुझे स्पष्ट दिखाई देता है कि इनके पीछे मौत दौड़ रही है। मैं देखता हूँ, सड़क पर से सैकड़ों कृशकाय, नरकंकाल लड़खड़ाते पैरों से, घुसी हुई आँखों को भरसक बाहर निकाल, रास्ता देखते हुए बदहवास चले जाते हैं। दुनिया भर में सूरज का उदय होता है, रोशनी फैल जाती है, इन अभागों के मुखों को उल्लास की एक किरण भी उधार नहीं मिलती।

सोचता हूँ, कब ऐसा होगा कि ये गाते हुए काम पर जावेंगे? श्रम से संगीत का मेल कब होगा? कब उनके मुख पर कारागार जानेवाले कैदी की बेबसी और मायूसी के स्थान पर, मन्दिर जाने वाले तीर्थ-यात्री के मुख पर की पवित्रता और प्रफुल्लता होगी?

आवाज आई 'दूध', वैसे मैंने स्टेशनों पर 'गरिमय चाया' की पुकार भी सुनी है, लेकिन यह 'दूध' तो बिलकुल विचित्र है। कैसा है वह स्वर, अन्दाज कर सकता हूँ। अगर आप किसी आदमी की गर्दन दबा दें और तब उससे कहें कि वह 'दूध' कहे तो उसे छुटकारा मिल जाएगा। वह आदमी भय, शंका, घबराहट और कातरता लेकर जो 'दूध'

शब्द उच्चारित करेगा, वही स्वर हमारे इस दूध वाले का है।

मैं उठ बैठा, बड़े बेमन से। 'दूध' की आवाज से मैं भयभीत हो गया। मैं महीने में दस दिन तक बेमन से उठता हूँ; शेष बीस दिन मन से। दस तारीख तक सब बिल चुक जाते हैं। दस तारीख तक मैं अपने ही घर में चोर सरीखा रहता हूँ; शेष बीस दिन सबको चोर समझता हूँ। आज पाँच तारीख है; मेरी तपस्या का मध्यान्ह है। अभी दूध वाला है; फिर मकान वाला आएगा। यमराज के भयंकर पीड़क दूतों की कल्पना तब साकार हो जाती है; जब मकान मालिक का नौकर किराया माँगने आता है। हमारे इस बड़े बाड़े में तीस मकान हैं, सब एक आदमी के। वह सरकारी इमारतों का ठेकेदार था। सरकारी सामान से ईंट-गारा-चूना चुराकर उसने यह बड़ी इमारत खड़ी की है, जिसकी सफेदी के भीतर से बेईमानी का कालापन झाँकता है। हम किराया देर से देते हैं, तो बेईमान कहलाते हैं; वह ईमानदारों का बादशाह बना हुआ है। वह किरायेदार को न्यायालय में ले जाता है, और न्याय-देवता ईमानदार की जेब से पैसे निकालकर, बेईमान की जेब में रख देते हैं।

[पुस्तक 'सुबह से शाम' का एक अंश]

तब की बात और थी

मनोहरलाल अपनी पुत्री के लिए पति खरीदने निकले। बात अटपटी-सी लगती है—सत्य जरा अटपटा लगता ही है। परन्तु इस बात से कोई चौंकेगा नहीं, क्योंकि यह खरीद-बिक्री की पद्धति अब समाज में मान्यता प्राप्त कर चुकी है।

मुझे याद है, बचपन में मेरे पड़ोस के बड़े किसान कमर में रुपयों की थैली बाँधकर, बैल खरीदने मेलों में जाया करते थे। अब देखता हूँ, अनेक मनोहरलाल थैली बाँधकर अपनी कन्याओं के लिए वर खरीदने निकलते हैं। हमारे समाज में वर भी मवेशियों की तरह नीलाम होते हैं और जिस तरह अच्छे नस्ल के बैल ऊँची कीमत पर बिकते हैं, उसी तरह ऊँचे कुल के पढ़े-लिखे लड़के जरा कीमती होते हैं। गरीब किसान मरियल, अड़ियल बैल से ही काम चला लेता है, और गरीब पिता कुपात्र को भी अपनी लड़की सौंपकर शान्ति की साँस लेता है। बाप का रोना जब समाप्त होता है, तभी से बेटी का रोना प्रारम्भ होता है।

तो मनोहरलाल भी पुत्री के लिए पति खरीदने निकले।

मनोहरलाल की इस पुत्री को बेनाम रखने का मेरा इरादा कतई नहीं है। उसका नाम था 'सुशीला'—इंटर तक पढ़ी, बड़ी अच्छी लड़की थी।

मनोहरलाल जाने लगे, तो उनकी बड़ी लड़की सावित्री ने उन्हें रोककर कहा, "बाबूजी, एक बार फिर मेरी बात पर विचार कर देखिए।"

मनोहरलाल बैठ गए।

सावित्री उनकी बड़ी लड़की थी। दो साल हुए, वह विधवा हो गई थी। अब उसे एक ही काम था—रोना; कभी ऊपर, कभी भीतर ही भीतर। वैधव्य की डोर से बँधा हुआ बुढ़ापा उसके पास चला आता था। वह युवती बातचीत, चाल-ढाल और सोच-विचार में सयानी हो गई थी। उसके जल्दी बूढ़े हो जाने में ही अब उसका कल्याण था; समाज की झूठी मर्यादा की रक्षा भी। न जाने मुसीबत में ऐसी क्या बात होती है कि वह बच्चे को भी बूढ़े-सी गम्भीरता और दानाई सिखा देती है? सावित्री की बात अब घर में बड़े ध्यान से सुनी जाती थी। उसने अपना सर्वस्व खोकर यह 'सुने जाने' की क्षमता पाई थी।

वह कई बार इस बात की चर्चा पिता से कर चुकी थी। सुशीला उसकी बहिन थी और चार-पाँच साल का अन्तर कोई बड़ा अन्तर नहीं होता। दोनों सहेलियों जैसी रहती थीं। इसीलिए सुशीला के मन में जैसी सावित्री की पैठ थी, वैसी किसी और की नहीं। वह कुछ जानती थी, जो दूसरे नहीं जानते थे।

बात यह थी कि सुशीला कॉलेज जाती थी, बाहर भी जाती-आती थी। और स्त्री हो चाहे पुरुष, आँख खोलकर ही चलता है। जो यह समझते हैं कि स्त्री आँख बन्द करके चलती है, वे अन्धे और मूर्ख हैं। तो सुशीला के परिचय में भी एक तरुण था, जिसका नाम अरुण था। वह इस घर में सबका परिचित था। घर में आता-जाता भी था।

और बड़ी स्वाभाविक बात है कि सुशीला और अरुण परस्पर आकर्षित हुए हों। इसे आप प्रेम कहें तो मुझे कोई एतराज नहीं। सावित्री दोनों का आकर्षण जानती थी। उसने दोनों का मन भी जान लिया था, और अपने पिता से कहा था कि दोनों का विवाह हो जाए, तो दोनों बड़े सुखी हों। वास्तव में जितने वर मनोहरलाल की दृष्टि में थे, उन सबसे योग्य यह अरुण था।

परन्तु मनोहरलाल को अरुण पसन्द नहीं था। उसके पिता के सम्बन्ध में एक कलंक-कथा समाज में प्रचलित थी, और उसकी काली छाया इस नवयुवक को भी आवृत्त किये थी। मनोहरलाल की आर्थिक स्थिति अच्छी थी, सामाजिक स्थिति उससे भी अच्छी। वैसे वे कंजूस थे। फिर भी लड़की के लिए वर खरीदना उनके बजट में जायज मद थी। यह लड़का था तो बड़ा अच्छा, फिर वह एक पाई भी नहीं लेता। पर उनकी मान-मर्यादा और अहंकार की भावना उसके सब गुणों को चर गई थी। हाल में ही कुछ लोगों ने उनसे यह भी कह दिया था कि उस भले-चंगे युवक के पेट में कोई बीमारी है, जो उन लोगों ने अपनी आँखों से देखी थी—यानी उसके पेट के भीतर प्रवेश करके?

तीन साल से सुशीला के लिए पति ढूँढ़ा जा रहा था। जो योग्य होता, वह कीमती ज्यादा होता; जो सस्ता होता, वह नितान्त अयोग्य। मनोहरलाल कंजूस होने के साथ ही, अगर नितान्त हृदयहीन भी होते, तो मामला इतना उलझता नहीं। पर वे अब पक्का इरादा करके ही जा रहे थे कि इस बार कहीं जमाकर ही आएँगे।

वे थोड़ी देर मौन बैठे रहे। फिर बोले, "सावित्री, मैंने कह तो दिया कि यह सम्बन्ध हो नहीं सकेगा। समाज में कलंक का डर यदि छोड़ भी दूँ, तो भी उसके पेट में तो रोग है। भला लड़की को पैसे बचाने के लोभ में गड्ढे में गिरा दूँ?"

सावित्री ने कहा, "मैं क्या उसकी बहिन नहीं हूँ? लेकिन आप यह तो सोचिए कि जिन लोगों ने उसके पेट की बीमारी की खबर उड़ाई है, वे सब लड़के वाले हैं, और अपने बेटे आपके हाथ बेचना चाहते हैं।"

मनोहरलाल के पास तर्क की इतनी शक्ति नहीं थी कि इस सत्य के सामने वे ठहर सकते। उनके मन में हठ और शंका समा गए थे। वे बोले, "यह सब ठीक है सावित्री, पर मैंने तुमसे अधिक जमाना देखा है। मैं ठीक कह रहा हूँ।"

और वे पंडित जगन्नाथ के साथ वर की तलाश में फिर निकल पड़े।

पंडित जगन्नाथ के पास लड़कों का 'केटलॉग' था, मय अन्दाजा कीमत और क्वालिटी के। मेरा खयाल है, कुछ दिनों में लड़के वाले बेटों की बिक्री के 'टेंडर' मँगाया करेंगे। तब पंडितों की यह मध्यस्थता मिट जाएगी।

मनोहरलाल फिर घूम-घामकर लौट आए। इस बार भी विफल। वे व्यापारी आदमी थे। माल अगर किफायत से नहीं मिलता था, तो वे खरीद नहीं सकते थे।

और अब उनके मन में बात उठी कि सावित्री की बात ही ठीक है। दस हजार रुपयों ने उनके कान में कहा कि हम सब-के-सब बच जाएँगे। मनोहरलाल दस हजार रुपयों की सलाह पर विचार करने लगे। उनके मन में आपत्ति उठी, "समाज में नाक कुछ नीची हो जाएगी।"

तो तुरन्त पाँच हजार रुपयों ने उनके कान में कहा, "हम नाक में टेका लगाकर उसे थामे रहेंगे।"

फिर किसी कोने से आवाज़ आई, "मगर उसके पेट में बीमारी जो है।"

शेष पाँच हजार ने तुरन्त कान में फुसफुसाया, "अरे, सब गप्प है। स्वार्थियों ने बात उड़ाई है। हममें से सौ-पचास देकर डॉक्टरी जाँच करवा लेना।"

दस हजार रुपयों का आग्रह बड़ा आग्रह था। वे टाल नहीं सके। जो शंका उनकी लड़की सावित्री नहीं निकाल पाई थी, उसे इन दस हजार रुपयों ने निर्मूल कर दिया।

उन्होंने सावित्री को बुलाकर कहा, "बेटी, तेरी ही बात ठीक है। मुझे मंजूर है। तू उससे पूछ ले।"

सावित्री आश्चर्य और हर्ष से बोली, "मुझे क्या पूछना है? मेरा तो पूछा ही हुआ है। लेकिन इस सुशीला को न जाने क्या हो गया है! हर क्षण कुछ सोचती-सी रहती है। आँखों में जैसे कुछ बड़ा दुख समा गया हो! सोचती रहती है, और कुछ पढ़ती रहती है। न कपड़ों की चिन्ता, न खाने-पीने, हँसने-बोलने की। न जाने क्या हो गया है उसे! लेकिन अब सब ठीक हो गया। मैं उससे अभी कहती हूँ।"

सुशीला वास्तव में बड़ी बदल गई थी। वह पढ़ी-लिखी थी और विचार उसमें विकसित हो गया था। वह तीन-चार साल से यह कांड देख रही थी। वह घर में माता-पिता तथा बहिन की बातें सुनती और सोचती रहती। वह देख रही थी कि पिता को एक ओर धन की चिन्ता है, दूसरी ओर मान-मर्यादा की। वह देख रही थी कि उसके लिए पति प्राप्त करने में आवश्यक धन खर्च करना एक तो उसके पिता की सामर्थ्य के बाहर था; दूसरे, उनमें प्रतिष्ठा की भावना भी बड़ी तीव्र थी। वह उनकी दुविधा को समझ रही थी। वह सोचती कि 'मेरी स्थिति इस सब खेल में एक सामान्य मोहरे से अधिक कुछ नहीं है। मैं उस भिखारिणी की स्थिति में हूँ, जिसे कुछ देने के लिए राहगीर जेब में हाथ डालता है और सिक्कों के किनारों पर अँगुलियाँ फेरकर, सबसे छोटा सिक्का ढूँढ़ता है।' उसके मन को इससे बड़ी ठेस पहुँची थी। उसकी आत्मा विद्रोहिणी हो गई थी।

इधर मनोहरलाल की बात दूसरी थी। झूठी मान-मर्यादा मूलाधार थी और पेट की बीमारी के सन्देह का उपयोग वे इस भावना की पुष्टि करने

में जान-बूझकर कर रहे थे। अब मान-मर्यादा और पेट की बीमारी, दोनों अलग-अलग खड़ी थीं। लोभ ने जब उनकी इस झूठी मान-मर्यादा की भावना को परास्त किया, तब पेट की बीमारी की खबर उन्हें स्पष्ट गप्प दिखी और वे पछताए कि यह छोटी-सी बात उन्हें पहले क्यों नहीं सूझी।

सावित्री ने सुशीला से कहा, "सुशीला, अब तेरे मन की बात हो गई। बाबूजी अरुण से शादी करने को तैयार हो गए।"

सुशीला ने उसी तरह अनमने भाव से उत्तर दिया, "यह कैसे हो गया?"

सावित्री बोली, "ठीक बात उनकी समझ में आ गई। तू ही तो कहा करती है कि सत्य की जय होती है।"

सुशीला ने उदास मुख से कहा, "लेकिन यह सत्य की जय कहाँ हुई, जीजी?"

सावित्री उसके इस बर्ताव से सहमी। बड़ी चिन्ता से वह बोली, "अच्छा, कुछ भी हुआ हो; तेरे तो मन की बात हो गई!"

सुशीला ने बड़ी दृढ़ता से कहा, "मैं अब शादी नहीं करूँगी।"

सावित्री चौंकी। कहा, "वाह, पगली, ऐसा क्यों बोलती है? तब तो जान देती थी?"

सुशीला ने उसी दृढ़ता से कहा, "तब की बात और थी। तब मैं उन्हें गौरवपूर्वक अधिकार की तरह प्राप्त कर रही थी, जैसे एक नारी पुरुष को प्राप्त करती है। अब वे मुझे भिखारिणी की झोली में भीख की तरह फेंके जा रहे हैं। मैं भीख स्वीकार नहीं करूँगी।"